JN285801

幸せになるにはルールがある

秋元 康

講談社+α文庫

文庫版まえがき

この本を手に取ってくれた君は、しあわせな人だと思う。

なぜなら、ふしあわせだと嘆《なげ》いている人はこんな小さな本に気づくゆとりがないだろうから。

きっと、君はあとほんの少しだけしあわせになりたいんだね。

人間は欲がなくなった時に足が止まる。

人間は欲がありすぎると進むべき道が見えなくなる。

あとほんの少しだけの欲を持つことは大切なことだ。

ささやかな願いと言ってもいいだろう。

それは、青空を望むようなものだ。

「明日、晴れますように」と、僕たちは一生のうちに何度願うか？

ずっと晴れ続けなくてもいい。

時にはくもりの日があっても仕方がないと思うし、雨の日も我慢《がまん》しよう。

雪だって降るかもしれない。

それでも、この日だけは晴れて欲しい、この日だけは青空を見たいと願うことがあるはずだ。

あとほんの少しだけのしあわせというのは、きっと、そういうものだと思う。


例《たと》えば、君に彼氏がいて、その恋について何か悩んでいたとする。

もしかしたら、その恋がうまくいっていなくて、君はしあわせを見失っているかもしれない。

でも、よく考えて欲しい。

彼と出会わなければ、こんな悩みはなかったのだ。

だから、彼と出会わない方がよかったと考えるだろうか？

いや、そうは思わないはずだ。

だって、彼と出会って恋におちた時、君は確かに青空を見たのだから。

それから、陽《ひ》が翳《かげ》ったり、風が出て来たり、時には雨が降ることもあるんだ。

君は、また、青空を待てばいい。

その青空は、君とつき合っているうちにまた顔を出すかもしれないし、あるいは彼と別れて、新しい彼と出会った時に雨が止み、風が止み、雲もどこかへ行ってしまうかもしれないのだ。

大切なのは、青空は必ずやって来るということだ。

世界には、沢山の青空があるように沢山の雨や風や雲もある。

しあわせな人というのは、空を見上げるタイミングが上手な人のことだと思う。

ずっと、天気が悪いわけじゃないからね。

だけど、いつも下を向いている人は、きっと青空に気づかないんだ。

あとほんの少しのしあわせを望むなら、今まで見た青空の気持ちよさを思い出すことだ。

そうすれば、ほら、君の頭の上に青空が見つかる。

秋元《あきもと》　康《やすし》

二〇〇二年六月

まえがき――ルール∞

「何を以《もっ》て、幸せとするか？」

それは、難しい問題である。

ある人は、「健康であれば」と言うだろうし、ある人は、「愛する人がいれば」と言うだろうし、また、ある人は、「お金があれば」と言うだろう。

中には、そのすべてを満《み》たされなければ、「幸せ」とは言えないという人もいるに違いない。

要するに、人それぞれ、「幸せ」であるための最低条件が異《こと》なるのである。

ただ、はっきり言えるのは、他人から見れば、充分、「幸せ」の最低条件を満たしているようでも、本人が納得しない限り、「幸せ」ではないのだ。

つまり、「幸せ」というのは、自分で決めるものである。

では、君のまわりに、君が理想だと思うような「幸せな人」はいるだろうか？

仮《かり》に、「あの人くらい幸せであれば、もう、言うことはない」という人がいたとする。

しかし、君の理想のその人に、「あなたは幸せですか？」と聞けば、「う〜ん」と考え込んでしまうだろう。

その人はその人なりに、「幸せ」になるにはまだ、欠けている何かがあるのだ。

他人との比較をしていては、キリがない。

「幸せ」というのは、どこかにあるものではなく、自分の中にあるものなのだ。

君は、見落としていないだろうか？

「幸せ」の種子は、すぐ、そこにあるじゃないか？

その種子から花を咲かせるためには、それなりのルールがある。

そのルールさえ覚えれば、君は自信を持って、「幸せです」と言えるだろう。

一九九八年九月

幸せになるにはルールがある◉目　次

第2章　勇気を出し、選択して行動してみよう

第3章　相手に望むより自分が変わればいい

第4章　近道ばかりでなく遠回りする勇気がほしい

第6章　自分だけの自信を持ってほしい

幸せになるにはルールがある

本書は、著者の語りおろしです。

第1章

自分にとって楽しいことを見つけよう

Rule 1

明日は何をしたいのか
予定を立ててみよう
日常のちょっとした楽しみの中から
自分のやりたいことが発見できる

例《たと》えば、将来の夢は何ですか、とたずねられて、あなたはどう答えるでしょうか。

こんな会社に勤めたい、こんな仕事に就《つ》きたい、外国で働きたい、などなど、明確な夢のある人もいるでしょう。また、中には自分はまだ何をしたいかわからないという人もいるでしょう。

若いうちはどちらかといえば、目標を持っている人より、将来どうしたいかはっきりしていない人のほうが、たぶん多いのではないでしょうか。

目標どころか、やりたいこともないし、できれば働きたくないな、という人もいるかもしれません。仕事で頑張《がんば》る気はない、そのうち誰かと結婚しちゃおう、という女性もいるかもしれませんね。

僕は、そういう女性に「働きたくないとは何ごとだ」と叱《しか》るつもりはありません。たしかに、世間に楽な仕事なんてほとんどないし、働かないで生きていければ、それにこしたことはない。

もちろん将来の夢につながるものは、仕事だけとは限らない。だから、僕はここで「やりがいのある仕事を見つけなさい、もっと目標を持って生きなさい」とは言いません。「働きたくないから結婚しよう、というのは間違っているよ」と言いたいのです。

なぜなら、結婚は楽そうだという理想を描《えが》いているけれど、専業主婦になれば、家事という仕事をしなければいけないわけです。夫がしょっちゅう仕事で夜中に帰ってくるかもしれないし、子どもが生まれたら、夜も昼もない。

結婚生活のほうが時間制限はないのです。それより、やりたいことがないし働きたくないというなら、まず自分のやりたいことを見つけないといけない。

人間は明日という日があって、明日はこんなことをしようと思うから生きている。極端に言うと、何もやりたいことがないなら、死ぬ日まで家で寝ていればいいわけです。

人間は原則として、生きていくためには、食べていかなければならないのです。食べていくためには、なんらかの労働をしなければならない。仕事をしたくないから結婚したとしても、家庭で働かなければならない。みんな働きたくないのはやまやまだけれど、働かずに生きるという選択肢《せんたくし》はない。

だったら、やりたい仕事もないから結婚でもしようかという前に、自分がやりたいことは何なのか探《さが》すべきなのです。

自分がやりたいことを見つけるのは、とりあえず、ささいなことでもいいと思います。明日、起きたら部屋の植物に水をやろうというのでもいい。明日のお昼は、公園のベンチで食べようというのでもいい。明日はこうしようという予定を作っていく中から、自分のやりたいことや、将来の夢みたいなものが生まれてくるはずです。

将来やりたいこともないし、仕事にしゃかりきにもなりたくないな、という女性はおそらく、自分には大きな目標がないからやりたいことがない、と思っているのでしょう。だけど、会社を作って株式を上場してとか、生涯かけて丸太でログハウス建ててとか、そんな目標を持っている人など、そういないわけです。

ならば、ささいな目標から発想していけばいいのです。

明日は天気がよさそうだから、庭で好きな本を読もう。今度の休日は、お菓子を焼いてみよう。

そうして、やりたいことをしているうちに、本やお菓子に関《かか》わる仕事をしてみようかな、と思うようになるかもしれない。あるいは、休日には読書やお菓子作りを楽しみたいから、忙しくない仕事がいいという方向が見えてくるかもしれない。

だから、自分のやりたいことを見つけるのが先なのです。やりたいことがまず先にあって、実現するにはどうすればいいか。そこから、自分はこれからどう生きていきたいかが見えてきます。

Rule 2
誰だって気持ちをコントロールなんかできないやる気が突然生まれることもあるだから自然にしていればいい

自分のやりたいことを実現しようとしている人は、どのくらいいるでしょうか。今は仕事に懸《か》けている女性も増えています。仕事が面白くて、結婚せずに独身でいる人もいます。

それでも、優先順位をつけたら仕事、恋愛、結婚という女性よりも、恋愛、結婚、仕事という女性のほうがまだ多いでしょう。ですから、結婚するまでの期間限定つきで、就職してくる女性はたくさんいます。もともと定年まで勤める気はない、結婚して、せいぜい子どもができるまで働こうかという人が、あちこちの職場にいるわけです。

　そういう人には当然、重要な仕事は任《まか》されていません。どうしても補助的な仕事になります。となれば、仕事を必死になってやろうという気持ちはあまりないと思います。

　もちろん、業種や企業によっては、お茶くみや雑用をする人が必要なところもあります。そういう雇用《こよう》形態で、女性のほうもお茶くみや雑用でいいと満足しているならいいわけです。

　しかし問題なのは、そうではない職場に結婚するまでの腰掛け就職をしている女性がいるときです。あまり男女差別もなく、みんなで業績をあげようと頑張っているところに、どうせ辞《や》めるんだしと思っている女性がいたら、やる気のなさは伝わってきます。だったら最初から就職するより、派遣《はけん》社員になるか、バイトかパートをやればいいんですね。

　人間のやる気というのは、本来コントロールできないものなのです。いつか結婚して辞めるんだろうなと思っていても、面白くなってもっと頑張ろうという気になることがあります。結婚するまで働こうと思っていても、それすらもたなくて辞めてしまうこともありがちです。

つまり頑張ろうとか、無理しないでおこうとか、やる気をコントロールできるほど人間は器用じゃない。だから、自分の自然な気持ちはどうなのかを問いかけてみる。そうすれば仕事や職場はおのずと決まります。

Rule 3

時にはわがままなことや自分らしくあるためには勝手なことをしてもいい気持ちにブレーキをかけない

こういう仕事がしたい、こういう結婚がしたいと思い描いていても、人生はその通りにはなかなかいかないものです。

例えば、腰掛けで就職した女性が、突然仕事に目覚《めざ》めてしまうこともある。

逆にはりきって就職した人が、恋に夢中になってしまうこともある。

人間の気持ちはどうにもならないから、そこで人生の方向転換を余儀《よぎ》なくされることもあるわけですね。

だから、もしも仕事で頑張っている女性が恋愛して、仕事をおろそかにすることがあってもかまわないと思います。仕事はずっと続けるつもりでいた人が、いきなり結婚退社してもいいじゃないかと思っています。

世間では、そういう女性を「だから女はだめなんだ」と評します。だけど、恋愛に命を懸《か》けるみたいな生き方があってもいい。僕がそういう女性の上司だとしたら、おそらく腹は立てないはずです。

はじめから仕事か結婚かどっちつかずで、いいかげんな仕事をしている女性だったら困る。しかし、頑張っていた人が、なりふりかまわず恋愛に走る、結婚を選ぶというのは、人間らしくていいなと思うわけです。

どうして僕がそう思うかというと、恋愛は人を変えるものだからです。就職したときは、結婚しても働こうと決めていても、恋に落ちたらそんなことはどうでもよくなってしまう。

恋愛だのなんだのより、仕事を取るわと思っていても、〝この人！〟という男性に出会ったら、どうすることもできない。そのときに周《まわ》りに迷惑がかかるから、恋愛や結婚は諦《あきら》めようなんてできるほど、人間は完璧《かんぺき》ではないのです。

そう思うと、自分だっていつなんどき、仕事を放り出すはめになるかもしれない。恋愛かもしれないし、趣味かもしれないし、ある日旅に出たくなるかもしれない。

僕だって完璧でない以上、周りに迷惑をかけるようなことをしないという保証なんか、ないわけです。

人間はみんな欠点もあれば、勝手なところもわがままな面もあります。すべてにおいて万能で、すべて予定通りに計画通りにできるなんて人はいません。だからこそ、人は誰しも人間らしいわけだし、その人間らしさを、人生のどこでどう出すかは、人それぞれです。

仕事を投げて、恋愛や結婚を選んでもかまわないのです。そのかわり、自分もまた誰かから迷惑をかけられたときには許容《きょよう》してあげる。自分も他人も同じなんだと、気づくことのほうが大事なのです。

Rule 4 いやなことを「イヤ」と断れないなら自分にとって気持ちのいいことは何なのか考えてみよう

自分らしくいるのは、簡単なようで難しいのかもしれません。人間らしいわがままや、ずるさを表に出さない人もいます。職場でも学校でも、みんなから〝いい人〟と呼ばれるような人がいるわけです。

こういう人はえてして、人からよく頼まれごとをします。そして無理なことでもつい断れなくて、引き受けてしまいます。本人はいやなことは「イヤ」と断れるようになりたい、と悩んでいたりするんですね。

こういう女性には、自分の心を見直してほしいと思います。

僕の理論からすれば、人間はみんな同じです。いい人も優《やさ》しい人も、迷惑ばかりかける人も、依存《いぞん》してばかりの人も、誰が人間として立派というのはない。

ものを頼まれれば、いつもやってあげるいい人だって、やってあげている自分に酔《よ》っているところもある。頼まれて拒絶《きょぜつ》しない自分、優しい自分が好きということもあるわけです。

つまり、こういう人は無理なことを頼まれて、感謝される瞬間がいちばん嬉《うれ》しいのではないでしょうか。友達や同僚から、宿題や仕事を「お願い」と頼まれ、「わかった、なんとかする」と言うときが最高に気持ちいい。「ああこんな面倒なことを請《う》け合《あ》ったばかりに」と苦しむあとの展開は、その瞬間ほとんど気にしていないことが多いはず。反対に「わかった」と引き受けることに快感を感じない人なら、「こんな面倒くさいことはやりたくない」というのが先に立つでしょう。

例えば、落語《らくご》にあるように、隣の人から「お米を貸してほしい」と頼まれるとします。そこで家にあるお米を全部あげて、自分たちは食べるものがなくなってても気分がいい人もいるわけです。

そして、無理して貸すより、自分が炊《た》きたてのごはんを食べたほうが幸せだという人もいる。これは人それぞれで、どちらが偉《えら》いというものではないのです。

だから、いやなことを断れなくて悩んだりする必要はないし、断って冷たかったかなと後悔《こうかい》しなくてもいい。どんなことが自分にとって気持ちいいか、という原点に戻ったほうがいいと思います。

Rule 5

自分のしたいことをしているときがいちばん楽しい時間 他人に流されていたら自分の時間が過ごせなくなる

自分らしくいたいと思ったら、自分のしたいことをするのが原則です。ただそこで問題になるのが、友達の存在。若い女性は、中学、高校、大学、職場とそれぞれの環境で友達を作っているわけです。

人間には順応性があるので、誰でも今いるところで仲間を作っていきます。進級、進学、就職で環境が変われば、友達もがらりと変わっていく。そのため、現在の友達とのつき合いが人間関係のほとんどすべてになっている人も、かなりいるのではないでしょうか。

ここで女性に聞きたいのは、「あなたは友達といて楽しいですか？」ということです。もちろん楽しいからこそ、始終《しじゅう》みんなで集まって、お茶を飲みながらしゃべったり、おいしいものを食べに行ったり、旅行に行ったりするのでしょう。だけど、それを本当に楽しんでいるのかどうか？

もしかして、同じクラスだから仕方なく仲間になっているのかもしれないし、職場に配属されて惰性《だせい》で友達になったのかもしれません。なんとなくグループができて、流れでどこかに出かけたり行動している。

だとしたら、つまらない時間を過ごしているんじゃないかなと思うのです。

だから若い女性は、いつも自分にとって楽しいことを考えたほうがいい。

自分にとって楽しい時間とは？

自分にとって楽しい行動とは？

自分にとって楽しい空間とは？

そうやって、常に自分に問いかけたほうがいいわけです。それをしないで、なあなあのつき合いの中で過ごしていくと、時間は流れてしまう。自分の時間が過ごせなくなります。

このままで人生を振り返ってみると、やりたいことをやらなかったな、なんかつまらなかったな、で終わりかねません。

そうならないために、友達とのつき合いを見直してみてもいいかもしれません。

Rule 6
人間は明日になっても生きているかどうかわからないならば、今やりたいことをしなさい貴重な時間を大切に

若い人を見ていると、自分のしたいことをしていないな、と思います。自由に気ままに生きているようで、実はそうでもない。ようするに、自分の気持ちがわからない人が少なくないようです。

恋愛だって、同じことが言えるのではないでしょうか。

相手の男性と、本気でつき合っている人ばかりではないでしょう。好きでもない相手とデートしてみたり、スペアの男性と遊んだり、つき合っている相手のことが、好きなのかどうかわからなかったり。

自分の本心が、自分で見えていない人が時々いるわけです。

例えば、つき合う気はあまりなくても、誘われたからと、ついて行く人がいます。食事をしたり飲みに行ったりして、ごちそうしてもらって、それでお終《しま》いです。当然、男性のほうはつき合うつもりでいたのに、がっかりしたり、腹を立てたりするでしょう。

もちろん、女性のほうからすれば、せっかく誘ってくれたから断っちゃ悪いな、ということがあるかもしれません。全然好みじゃないけれど、食事だけならいいかなと思っているのでしょう。

だけど考えなくてはいけないのは、そんなことをして、自分が楽しく過ごせるのかということ。

礼儀としてそういう思わせぶりなことをしては失礼だよ、かわいそうだよ、と僕は、いさめるつもりはありません。ようは、好きじゃない相手と食事して、おしゃべりして、自分はどう感じているのか。結局は自分にとって、その時間が楽しいか楽しくないかしかないわけです。

つきつめれば、人間の命というのは、みんな明日をも知れないんですね。もしかしたら、数時間後に心臓麻痺《しんぞうまひ》で死ぬかもしれないし、交通事故に遭《あ》って死ぬかもしれない。

それならば今、楽しいことをどれだけできるかを考えると、好きじゃない人といる時間がもったいない。食事をすること自体、約束する行為そのものが楽しくないはずなのです。

僕は、そんなことをしている時間はないでしょうと言いたい。つい約束してしまって、その日までなんだか憂《ゆう》うつになっている。当日、何時間か我慢《がまん》すればいいやといっても、その何時間かはあなたにとって貴重な時間なんですよ。約束した日から当日まで、あなたは何日間かいやな時間を浪費《ろうひ》してしまっているんですよ、ということです。

自分の心をごまかして、いやなことや、したくないことをしていないか、ときどき考えてみてください。

Rule 7
恋愛で大切なのは相手の反応を確かめるのではなく自分の素直な気持ちをきちんと伝えること

人間の幸せというのは、つまりは自分がしたいことをする、ということにつきると思います。

恋愛も、結婚も、仕事も、自分がやりたいことを選びとっていく。いつも、自分のしたいことだけを選択はできないけれど、本当にやりたいことを、できるだけ見つけていきたいものです。

だから恋愛にしても、駆《か》け引《ひ》きなどはもともと必要ないのです。

本心から駆け引きしたいなら、すればいい。だけど、相手を引きつけたいからとか、相手を困《こま》らせたいからとか、意図的《いとてき》なことならしないほうがいい。そんな駆け引きなどしていても、自分がしたいことではないという意味では、恋愛をしていて楽しくないでしょう。

よく、わがままに振る舞って、どこまで愛されているか試《ため》したりする女性がいます。愛情とわがままは綱引《つなひ》きだから、男性のほうが愛していれば、どんなに女性がわがままを言っても許してしまう。だけど、どこかに限界点はあるから、愛情よりも、もう許せないという気持ちのほうが超えてしまうこともあるわけです。

そうなったら、駆け引きは無意味なものになってしまいます。自分がどれくらい愛されているのかを知りたくてやったことが、相手の気持ちをかえって冷えさせてしまう。相手の立場にしてみれば、自分の心を値踏《ねぶ》みされたようなものですから。

もしも、わがままに振る舞うのが本当に好きで、甘えているのならいいのです。大好きな人に、こうしてほしいああしてほしい、それが結果としてわがままに見えることはあると思います。ところが、客観的にわがままに振る舞うとしたら、確信犯であるぶん逆効果になるだけです。

恋愛というのは、自分と相手との思いが同じにはならないもの。たいがいは片方の気持ちが強く、片方の気持ちはそれより弱い。だからこそ、相手の反応がどうであれ、自分はこうしたい、というのが重要なのです。

Rule 8

究極の恋愛は片想い
相手の気持ちよりも
自分の気持ちだけでいい
片想いは永遠に壊れないから

もしも恋愛で悩んでいるとしたら、こう考えてみてください。

もともと愛というのはとても強いもの。ちょっとくらい傷がつこうが揺《ゆ》れようが、壊《こわ》れるようなものじゃない。多少のことでダメになるような恋愛なら、遅かれ早かれダメになると。

若い人の恋愛に悩みはつきものです。例えば男性も女性も、たまには別の異性に魅《ひ》かれることだってある。別の人といい雰囲気になることもあるし、浮気をしてしまったという場合もある。そのとき女性は、浮気されたとしても、自分がしたとしても、落ち込み悩んでしまう。

たしかにそういう状況では、悩まないではいられないわけですが、そこで壊れるなら、愛がなかったと捉《とら》えるしかないわけです。

かりに女性の部屋で、別の男性といるところを彼に見られたとしましょう。たぶん九割の男性が、その時点で別れるかもしれない。だけど、なかには彼女を許してしまう、やっぱり好きだという人がいる。部屋のドアをバタンと閉《し》めて出ていっても、しばらくしたら電話をかけてくる人もいる。

それは、頭では許せなくても、愛情のほうが勝ってしまう。浮気をされて絶対にいやだと思っても、それでも好きというのが愛なんですね。

あるいは逆に、彼が浮気をしているのがわかったとします。ふつう、女性は許せない、別れようと思うでしょう。しかし、そこで許せない気持ちと、愛している気持ちが葛藤《かっとう》することもある。そして葛藤したあげく、やっぱり許せないとしたら、もう好きじゃないということ。好きだったら、どんなに耐《た》えがたいことでも、最後は許してしまうものなのです。

だから、いくら悩んでも自分に正直になるしかないわけですね。自分には相手への愛があるかないか。愛がなければ別れるしかないし、愛があればつき合っていけばいい。それだけの話です。

そもそも愛というものを定義すれば、愛とは永遠に持続するものです。そして愛というのは、本質的には片想いです。相手の出方はどうでもいい、相手の対応もどうでもいい、この人が好きというのが片想い。その片想いと片想いが結ばれた愛がいちばん強い。

だとしたら、相手が浮気をしようがどうしようが、その日を境《さかい》に嫌いになるわけがありません。相手は関係ないわけだから、そこで愛がなくなることはありえないのです。浮気をしたことは許せないとしても、自分が好きならいいわけだから、それで終わるものではないのです。

若い人はそういうときに、愛しているからこそ許せないんです、と言ったりします。だけど結果として、いくらそう言おうと別れた事実はくつがえせない。許せない以上は、好きではないということです。

ある女性が浮気をされて、もう彼とは別れようと決心したとします。それで鍵《かぎ》を返しに、彼のマンションに行った。でも彼を見たら、鍵を返せなくなってしまった。それが本当の愛なんですね。

愛があれば、いくら周りが、「あんな男はやめなさい」と忠告しても別れられません。世界中の人間から、「別れたほうがいい」と責《せ》められても離れられない。

「こうこうだから別れなさい」と理屈をどれだけ並べられても、「でも好きなんだもの」でひっくり返ってしまう。

僕はそういう強さが、愛するということだと思います。愛に悩んでいたら、自分の気持ちをよく見つめること。そして自分の本心がわかったら、それを認めることです。

Rule 9

すべての人が台風のような恋愛に出会えるかどうかはわからない普通の恋愛だからこそ悩んだり迷ったりする

愛というのはとても強いもの。ちょっとやそっとのことで壊れたり別れたりはしない。僕はこうお話ししました。

とはいえ、みんながみんな、そんな愛に出会えるとは限らないのもまた事実です。浮気をされようが、裏切られようが、傷つけられようが、泣かされようが、それでも愛していられる。そんな究極の愛を体験できるのは、たぶんほんのわずか。ほとんどの人は普通の恋愛をして、ささいなことで嫌いになったり、別れたりしているわけです。

だからこそ、みんな普通の恋愛に悩むわけですね。

究極の恋愛に出会ってしまったら、悩みなんかありません。相手はどうあれ、自分が好きならいいわけだから、好きでいられるだけで幸せなのです。

ところが、普通の恋愛だったら、恋は盲目《もうもく》の状態ではありません。ある程度は冷静な部分があるだけに、自分たちの関係のほころびが見えてきて、うまくいかなくなるのです。

例えば、浮気をされたら、すぐ別れることが多いでしょう。あるいは、家族や友達に交際を反対されて、迷いが生じることもあります。周りのみんなが、彼はよくないと言っている、みんなの判断のほうが正しいような気がして、うまくいかなくなることもあるでしょう。

もちろん、普通の恋愛には、愛がないと言うつもりはありません。ただ、無意識のうちに心のどこかで、もっといい人がいるんじゃないかなと思ったりする。または、好きなのは間違いないけれど、結婚はしないかもと考えていたりする。

だから、何か問題が起こったときに、小さなことがきっかけになって、簡単にダメになってしまうのです。

誰もが、すべてを超えるような恋愛を体験するわけではありません。誰もが、究極の恋愛をしなければいけないわけでもありません。現時点で愛があるかどうか、それがわかっていればいいと思います。

Rule 10

満足できないことをしても
その行動に意味はない
淋しさを埋めるためだけに
誰かとつき合うのは間違い

人はみんな人生の中に、失敗や過《あやま》ちがいろいろあります。とくに恋愛に関することでは誰だって、ばかなことやかっこ悪いことや、みっともないことをいくつかしているはずです。

ただ、自分がしたいことをして失敗したなら、それは間違いではないと思います。台風のような恋に巻きこまれ、熱に浮かされたようになる。

そこで愚《おろ》かな過ちを犯《おか》したとしても、満足感は得られたはずです。

だから若い女性の恋愛で、いけない点をあげるとしたら、自分にとって満足できないことをしているときです。

つまり、自分が望んでいないことをして、つまらなさや虚《むな》しさを感じている女性。僕はこういう女性の行動は、やはり間違いだと思うのです。

その典型のひとつは、失恋した淋《さび》しさから、誰かとつき合ってしまう人がいますね。ふられてつらくて、その淋しさを埋《う》めるために、好きでもない相手とつき合う。これはまったく意味のない行為です。

失恋した淋しさというのは、そこにあったものがなくなって、言いようのない淋しさや虚しさを感じるわけです。

そのうえ女性は、去年のクリスマスはあそこで食事したなとか、夏休みはどこに旅行したなとか、過去のいい思い出ばかりを思い浮かべる。楽しかった時期の回想ばかりするから、それらが失われたことが無性《むしょう》につらくなるのです。

失恋は言うなれば、壁にかけてあった絵がなくなり、ぽっかりあいた空間が物足りなく感じるようなもの。だから、とりあえず他の絵でもかけたくなる。好きでもない相手とつき合うということは、何でもいいから代わりの絵をかけるというのと同じです。

だけど、代わりの絵はしょせん代用でしかない。代わりの男は、ふられた彼のスペアでしかないわけだから、スペアではどうしたって淋しさは埋まらない。

なぜなら、代わりに誰かとつき合うということは、裏を返せば前の彼を忘れていない証拠《しょうこ》なのだから。ふられた過去から抜け出せず、前の彼を引きずっているのです。

たしかにふられて失恋したら、誰かに側《そば》にいてほしい。でも、誰かの温《ぬく》もりがほしいというだけでつき合っても、その誰かには顔がない。顔のない相手とつき合っても意味がないし、それは恋愛とは言えません。

恋愛でどんなに失敗しても、傷ついても、泣いてもいい。自分にとって満足できる恋、恋している実感ができる恋愛をしてください。

Rule 11

悩んでいるときには人に相談するよりも自分の心の声を聞きなさい自分の気持ちがわからずに相談しても答えは出てこない

恋愛にしても、結婚にしても、進路にしても、そのつど悩みはつきません。彼と別れるべきか、彼と結婚するべきか、仕事を続けるべきか、決断しなければばならない場面で、誰しも迷います。

そして、どうすればいいかわからなくなると、友達や先輩や上司といった、身近な人間に相談するわけですね。

しかし、僕がここで言いたいのは、人に相談しても意味はないよ、ということです。なぜなら悩んでいるときは、実は、自分の中にすでに結論はあるから。悩んでいるときの多くは、AかBかと悩んでいるというより、自分はAと決めていて、Aでいいのだろうかと悩んでいるわけです。

つまり、自分はこうしたいという結論があるけれど、実行する勇気がない。だから人に相談して、Aでいいんだよと言われたい。Aでいいと言われて、背中をグッと押してもらいたい。Aに決めるきっかけを作ってもらいたいので、相談する場合がほとんどだと思います。

ところが問題なのは、たいていの人が自分の結論に気づいていないということです。自分はAがいいけれど不安だ、やっぱりBのほうが正解かも、と思って悩んでいる。Aがいいなら Aが結論なのに、結論だとは思っていない。

で、ある人に相談したら、「Bのほうがいい」と言われた。また別の人に相談したら、「Cという方法もあるよ」と言われた。そこでよけいに悩んで、自分はどうしたいかがわからなくなってしまう。人に相談するのは意味がない、というのはそういうことです。

だったら、まず自分の心の声を聞くことです。相談する前に、自分はこうしたいという心の奥の声を聞いてみればいい。自分の気持ちがわからないのに、人に相談してもどうにもならない。自分の意思がはっきりしていないのに、誰かに聞いても、答えが出るわけはないのです。

例えば、ある女性が何年もつき合っている彼と、別れようかどうしようか悩んでいるとします。家族や友人も認めていて、周りは結婚すると思っているし、彼もそのつもりでいる。ところが、彼女はやりたい仕事があって、彼への気持ちが冷《さ》めてしまった。

こういう場合、心の声は別れたいと思っているわけです。でも、どこかに彼に悪いなという気持ちもある。世間体《せけんてい》も気になるし、みんなにわがままだと非難されるだろうなという心配もある。

けれども、自分が別れたいなら、別れたほうがいい。周りから卑怯《ひきょう》と言われようが、冷淡と罵《ののし》られようが、心の声に従ったほうがいいのです。

人が悩むのは、つまりは実行する勇気がないからです。

自分ではこうしたいな、と心の奥で思っている。思っているけれど、行動に移す勇気が出ない。そこで誰かに相談しても、自分がこうしたいなと思っていることを、後押ししてくれるとは限りません。

どんな悩みでも、結論は自分で出すしかないのです。心の声を聞いて、決めるのは自分。決めたら実行するのも自分です。

Rule 12

親と子どもの人生は別のもの
自分の選んだ道が
親が望むものではなくても
自分のやりたいことをやるべき

あたりまえのことですが、自分の人生は自分のものです。他人が人生を切り開いてくれるわけはないし、誰かがこっちへ進みなさい、と指示してくれるわけでもない。常に自分で決めて、歩いていくしかないのです。

だから、親といえども、子どもの人生を決定することはできません。親にとって、幼い子どもは所有物のようなものだから、小さいうちはいろいろなことを託《たく》します。しかし、子どもの人格ができていくにつれ、この子にはこの子の人生があるんだと気がつかざるをえないのです。

しかし、頭では子どもの人生とわかっていても、いくつになっても関与したがるのがまた親というもの。そこで、進路や恋愛や結婚の問題で親とぶつかることも若い女性にはしばしばあると思います。親に自分のやりたいことを反対され、悩んでいる人もいるはずです。

例えば、自分は美大に進みたいのに、親は女子大の家政科にいけと言う。あるいは、調理師をしている男性と結婚したいのに、親は公務員のほうが堅実じゃないかと言う。親は子どもを保護するために、こうしたほうがいいと口出しするわけです。自分の経験上、このほうがいいよと経験則《けいけんそく》でものを言うわけですね。

ただし、その経験則は親の経験則であって、子どもの人生にとって正解かどうかはわからない。だから、親と自分は別で、自分のやりたいことをやってかまわないと思います。

たとえ親に泣かれたりしても、そこは割り切るしかないと思うのです。かりに、親には逆《さか》らえないのでと言う通りにしたら、後々後悔するでしょう。親に「お願いだから、お母さんの言うことをきいてちょうだい」と泣きの涙で懇願《こんがん》されて、「わかった、そうする」と言っても、気持ちいいのはその瞬間だけなのです。次の日から、ああいやだな、退屈だな、という毎日を送らなければならないわけです。

だから、大きな選択はすべて、その瞬間の心地よさだけで決めてはいけないんですね。結婚を反対され、親の悲しそうな顔を見るのがつらくて仕方なく別れた。それで親の薦《すす》める相手と結婚したら、残りの人生ずっと我慢することになるかもしれない。

ならば、その場で親と揉《も》めても、好きな男性と結婚して、楽しく暮らすほうがずっといいのです。

親には親の人生があり、子どもには子どもの人生があります。自分の選んだ道が、親の望む道と違っていてもおかしくはない。親に反対されても、自分の行きたいほうへ歩くべきだと思います。

Rule 13

自由であるということは孤独でもあるということ　もしも淋しさが嫌いだったら　ひとり暮らしは楽しめません

　自分はどうしたいのか、自分はどんなことが好きなのか、自分はどんなことが楽しいのか。自分の気持ちというのは、わかっているようで案外わかっていないことが多いものです。

　例えば、日常生活でしたいことをするには、ひとりで暮らすのがいちばんです。ひとり暮らしは親に干渉《かんしょう》されず、遅い時間に帰ったり、外泊だって自由にできます。食べたいときに好きなものを食べて、寝たいときに寝て、起きたいときに起きることもできます。

　それこそ自分のしたいようにできるのが、ひとり暮らしと言えるでしょう。

ところが、ひとり暮らしをしている若い女性で、淋しいという人がときどきいます。親がうるさくて、進学や就職をきっかけに、念願のひとり暮らしを始めた。でも、いざ暮らし始めると、電気の灯《とも》っていない部屋に帰るのがわびしいというわけです。

これはひとり暮らしの淋しさと引き替えに、自由を手に入れているのです。帰っても、誰もいなくてわびしいかもしれないけれど、誰もいないからこそ放《ほう》っておいてもらえます。放っておいてもらえるのが心地よいと感じられないと、ひとり暮らしは楽しめません。僕がそんな人たちに考えてほしいのは、この点です。

ひとり暮らしなら、うどんにあんこを混ぜて食べようが、フライパンからそのまま焼きソバを食べようが、誰も文句を言う人はいないわけです。

下品だとか不精《ぶしょう》だとかわかったうえでやる楽しさ。何をしても放っておいてもらえるのがひとり暮らしの楽しさだから、その楽しさが淋しさを超《こ》えないと、ひとり暮らしは成立しないのです。

女性は気ままに暮らしたいけれど、孤独はいやなのだと思います。だけど、自由と人の温《あたた》かさと、両方を手に入れることはできない。自由と孤独は背中合わせだから、自由がほしければ孤独も受け入れるしかないのです。

自由をとるか、それとも家族や恋人の温《ぬく》もりをとるか。自分を知るために、ひとり暮らしを体験してみてもいいかもしれません。

Rule 14

つまらない毎日を楽しくするのは簡単 ささやかな楽しい瞬間を見逃さないこと

ふと自分の暮らしを顧《かえり》みると、やりたいこともないし、面白いこともない。なんだかつまらない毎日を送っているな。そんなふうに感じている人もいるのではないでしょうか。

もしそう思っているとしたら、なぜつまらないと感じるのか、考えてみてください。推察するに、自分にはこれといって趣味もないし、夢中になっているものもないし、なんとなく毎日をだらだら過ごしているからつまらない、ということになるのではないかと思います。

でも、つまらない毎日を楽しくするのは難しいことではなくて、簡単にできるんですね。

趣味や夢中になれるものというと、陶芸《とうげい》とか乗馬とかテニスとか、そういった類《たぐ》いのものを想定するから、やりたいこともないしな、というふうになってしまう。そうではなく、趣味というのは自分にとって楽しいこと、くらいに捉《とら》えたほうがいいと思います。

例えば、テレビの連続ドラマを見ているときが、いちばん楽しいかもしれない。あるいは、温泉の素《もと》を入れてお風呂に入っているのが幸せかもしれない。もしかしたら通学や通勤の電車から、景色を見るのが好きなのかもしれない。そんなの趣味とは言えないと思っているようなことで、自分がけっこう楽しんでいることはいっぱいあるような気がします。

ですから、趣味がなくてつまんないと思っているなら、楽しんでいる時間をもっと自覚しなくちゃいけないわけですね。人はみんな楽しい時間は、あたりまえのように過ぎていくから気がつかないのです。

ささやかな楽しい瞬間を見落としていると、つまらないままです。まず、自分のいちばん好きなことを見つけることです。

Rule 15

**すべての幸せというのは瞬間のものでしかない
楽しいと感じることがたくさん見つかるほど充実した日が過ごせる**

自分の生活を楽しむのは、自分の気持ちしだい。日々、小さな幸せや喜びをどれだけ発見できるか。そこに毎日を楽しんでいる人と、そうでない人の差が出てくるのではないかと思います。

趣味もないし毎日がつまらないとしたら、暮らしの中から検証してみてください。

そういえば、友達と夜中に長電話しているときってすごく楽しいな、というのが見つかるかもしれません。休みの日に昼寝しているときがいちばん気持ちいい、と思うかもしれません。

だったら、長電話や昼寝が趣味でいいわけです。趣味があればもっと楽しいだろうなというなら、発想を転換させて、自分が楽しい時間を過ごしているのはどんなことをしているときなのか。

そうやって掘り起こしていくと、暮らしの中に、ささやかな楽しみはいっぱい埋まっています。

なのに趣味というものを、陶芸だの乗馬だのと、形式でくるから、自分はなんにもやっていない、つまらないと思ってしまうんですね。

楽しい生活であるかどうかは、形式的な趣味を持っていて夢中になっているかどうかではありません。楽しいと感じる瞬間を、生活の中でどれだけ感じられるかです。

楽しい瞬間がたくさんあればあるほど、幸せな日々を送っていると言えるのです。

例えば、「あなたは最近幸せですか」と聞かれたら、このところ楽しいことってあったかなと瞬間を思い出すはずです。

ほしかった洋服を買ったとか、おいしいお寿司を食べに行ったとか、片想いの彼から電話がかかってきたとか、幸せを感じたその瞬間を思い浮かべるわけです。

つまり、永続的な幸せというものはなく、幸せはすべて瞬間なんですね。趣味にしても、陶芸や乗馬をしているから楽しいのではなく、土をこねたり馬に乗っている瞬間が楽しいのです。

同じように、近所をぶらぶら散歩したり、部屋の窓から夕陽を眺《なが》めたり、そうした瞬間だって楽しいわけです。

楽しさに、どちらが正しいというのはないのだから、自分がどんな瞬間に、どれだけ楽しいと感じられるかなんですね。

生活が充実しているというのは、多彩な趣味を持っていることじゃありません。楽しく過ごせる瞬間がいっぱいあれば充実できるのです。

楽しい瞬間をたくさん発見すれば、それだけ幸せになれます。

Rule 16

時間を埋めるためだけに面白くないことをするのはやめたほうがいい 無理に埋めていくとその時間がもったいない

自分にとって楽しいことをしよう。本当にやりたいことを見つけよう。これは、幸せを感じられる自分になるための基本と言ってもいいでしょう。

だから、やりたくないことを無理にやる必要なんかないのです。楽しいことを見つけるために、無理に趣味を作ったりしなくていい。充実した生活にするために、何かの学校や教室に行ったりしなくてもいい。

もっと身近なところで、楽しい時間を作っていけばいいのです。

若い女性は、よく学校や仕事の帰りに習い事をしていたりします。英会話や料理や華道や茶道に水泳、テニスやゴルフのレッスンなどなど、さまざまな種類のスクールに通っているようです。

しかし、僕はそこに間違いがあるような気がしてなりません。その人たちに、「そういうことが本当にやりたいことなの?」と聞いてみたい。「それはあなたにとって楽しいことなの?」と言いたいのです。

彼女たちを見ていると、なんとなく習い事を続けているだけで、本当にやっているることが面白いのかなと思います。実際、遊びに行くときや、気が進まないときはさぼったりしている。毎週、行くのがすごく楽しみで、待ち遠しいというふうでもない。ただ空《あ》いている時間があるから、埋めているだけのように見えたりするわけです。

それなら、やめたほうがいいと僕は思う。習ってどうするという目的もなく、そのうち飽《あ》きてやめてしまうなら、初めから行かないほうがいい。さぼったりするなら、自分にとって面白いわけはない。暇な時間があるのはつまらないからと、時間を埋めるためにそれをやっているなら、やっている時間がもったいないと思います。

人はみんな学校に通うとか、働くとか、自分がしたくないことでもしなければならない義務があります。それなら自分の時間まで、無理にやりたくないことをする意味はないのです。

自分のために、本当にしたいことや、自分にとって楽しいことをしてください。

第2章

勇気を出し、選択して行動してみよう

Rule 17

進路に迷ったときは わからないなりにも どちらかに進んでみよう 大事なのは選択すること

人は誰でも、自分の人生を頭に描いているでしょう。大学生くらいの年齢だったら、卒業したら就職して、何歳くらいまでには結婚したいなといった輪郭《りんかく》が、ぼんやり描かれているのではないでしょうか。

ただし、頭で描いた人生は、その通りになるとは限りません。大学生になって振り返ってみると、中学生の頃は看護婦《かんごふ》さんになりたかったとか、ピアニストになりたかったとか、スチュワーデスになりたかったとか、みんなそれぞれ理想はあったはずです。でも、結局は普通の大学に進んじゃったな、というように、人生は刻々《こくこく》と変わっていくのです。

つまり、頭で描いた人生がそのまま実現することはほとんどない。だから、生きていくうえで大事なのは、自分の進む道をいかに選択するかです。進学、就職、結婚など、そのつど進路を自分で選んでいく。

例《たと》えば、自分はこういう仕事をしたいけれど、その仕事を目指《めざ》すか、それとも別の道にするか、選ぶことが大切なのです。

仕事を転々としている人がいます。自分にはどういう仕事が合っているかわからなくて、どんな仕事をしても長続きしない。それは、自分で選択していないからです。

その人たちからすれば、どれを選んでいいかわからないから、いろいろな仕事に挑戦《ちょうせん》しているんだということなのかもしれません。だけど、Aという仕事、Bという仕事、Cという仕事があるとしたら、どれでもいいや、とりあえずAをやってみようというのでは、いつまで経《た》っても自分にぴったりの仕事はわからない。いくつかの選択肢《せんたくし》があったら、そこから選択する習慣をつけなくてはいけないと思います。

手当たりしだいにA、B、Cの仕事をやってみて、あれもダメこれもダメというのは、選んでいることにならないのです。どの仕事が自分に向いているかわからないなら、わからないなりにAを選んでみる。Aを選択して進むことによって、わかってくることがあるわけです。

仕事を転々とするというのは、AやBやCを選択しているのではなく、その場しのぎのような気がします。テレビゲームでは選択肢があって、どれも選ばずに迷っていると、時間切れになって機械が勝手に選んで進んでいく。それと同じで、自分の意思で選んでいないんですね。

自分で選択をしていけば、これはちょっと違うなとか、これはどこが向いていないとか、自分にはどんな仕事が合うかが見えてきます。だけど、初めから選択を放棄《ほうき》して、目の前にある仕事をやっていたら、どこまでいっても適性は見えてこないと思います。

自分はどちらに行けばいいかわからない。だったら、とにかく選択して進んでみる。これは仕事だけでなく、恋愛でも何でも同じです。

Rule 18

仕事というのはすべて単調なもの もしも安定した仕事が つまらないなら、その中での メリットを探してみる

人間は人生の選択をするときに、安全なほうを選ぶことが多いものです。面白そうだけれど危険な道と、退屈《たいくつ》そうだけれど無難《ぶなん》な道があったら、多くの人は無難なほうを選択するはずです。

ですから、就職を決めるときには、普通の会社に勤めることになりがちなのでしょう。本当はいろいろやりたいことはあったけれど、やっぱり大変そうだし、実現しそうもないし、安定していたほうがいい、という結論を出す人がほとんどなのではないでしょうか。

だけど、ここが人間のわがままなところで、安定を選んだらつまらないな、

退屈だなと感じる。同じ人が就職せずにやりたいことをやっていれば、安定した会社に就職しておけばよかったなと思ったりする。

人はえてして選ばなかったほうに憧れるものだから、選んだ仕事がつまらないからといって、選択が間違っていたと、すぐに決めつけないほうがいいわけです。

だから、ＯＬで仕事が単調でつまらないとしたら、安定がいいと選択したのは、あなたなんですよと言いたい。そして、仕事というのは、すべからく単調だということもわかってほしい。

つまり、普通の会社だから仕事が単調なのではなく、基本的に仕事というものが単調なのです。

なぜなら、人間には順応性があるから、どんなに刺激的な仕事だって、安定させようとするわけです。無意識のうちに安定させようとして、単調になるものなのです。

例えば、僕の仕事は、面白そうに見えるかもしれない。でも、作詞だって、ずっと詞を書いていれば単調になってくる。テレビの企画だって、ずっと同じ番組を作っていれば単調になってくる。

どんな仕事をしていても、人間の潜在意識《せんざいいしき》として、システマティックな方向へと向かっていくわけです。

しかし、すべての仕事が単調だとしても、惰性《だせい》にならないための工夫《くふう》はいくらでもできると思います。僕の場合は、作詞をしたら次にはテレビの企画を考えて、今度は映画を作る。単調にならないように、自分なりに仕事のパターンを変えていく。僕のような仕事でなくても、単調にしないための努力はできると思います。

それと、もうひとつ考えてほしいのは、安定した仕事ならではのよさです。普通の企業だったら、就業《しゅうぎょう》の時間もきっちりしているはずだから、仕事を終えてからやりたいことをやればいい。または、お給料も確実にもらえるわけだから、それを使う予定も立てられるわけです。

これが、僕のような仕事だったら、終わる時間も始まる時間もない。仕事以外で、友達と約束することさえままならないのです。それに自由業というのは、収入だって安定していません。貯金して、夏休みに旅行に行く予定を立てるなんてことは、できないかもしれません。

とにかく、人はみんな自分がした選択を後悔しがちなもの。自分の選択した中で、悪いところばかり見るのではなく、いいところを探してみることも必要です。

Rule 19

悩んだら動くこと
不満を抱いているよりも
なんらかの行動を起こし
活路を見出そう

人間は万能ではないから、もちろん選択を間違うこともあります。自分はこちらがいいと選んだ。そしてそっちへ進んで、ずっと歩いてみたけれど、どうも違うようだ。

これは自分の歩いていく道じゃない、それがわかったら、方向転換《てんかん》したほうがいいと思います。

例《たと》えば、なんとなく就職してＯＬになったという人は多いでしょう。何年か勤めてみたけれど、事務の仕事は面白くない。とりあえず会社を辞《や》めて、海外に留学でもしようかと思っている。こういう女性は今は、少なくないのではないでしょうか。

だったら、そういう人はどんどん海外でもどこへでも行ってみたほうがいいと思います。いちばんいけないのは、行動しないで文句ばかり言っている人。その場所を動かないで、不満を抱《かか》えている人です。

なんらかの行動を起こせば、それなりに活路《かつろ》が見出《みいだ》せるわけですね。まず会社を辞めれば、何かが変わる始まりになるかもしれません。今の仕事が面白くないのははっきりしたわけだから、じゃあ別の仕事を探すより、学校へでも行こうかなという気になるかもしれません。または、大学のときの友達はどうなんだろうと思い、久しぶりに会って、仕事の話を聞くのも、またひとつのきっかけになるかもしれません。

悩んだときに動くというのは、打開するための原則と言えます。

迷ったときに動いてみると、間違った方向に行けばぶつかるし、自分が行くべき方向に行っていれば、そのまま進んでいけます。海外に留学するかどうかは別として、行動することで、何かがきっと変わるはずです。立ち止まって、頭であれこれ悩んでいても、何にも始まらないのです。

神様は、人生のセッティングをしてくれるわけではありません。仕事が面白くない人に、面白い仕事を用意してくれるわけでもありません。自分が選んで、自分が動いていくしかないのです。

Rule 20

いやなことを我慢するかしないかは自分の勘を信じること 意味のない我慢はしないほうがいい

僕らがなんらかの選択をするときには、勘《かん》というものが働きます。いろいろ頭で悩み、判断することもあります。だけど、最後に「これ！」と選ぶのけ、動物としての人間の勘ではないかという気がします。

僕はこの勘をもっと信じるべきだと思うんですね。

たしかに、瞬間でパッと選んで、後悔することもないではありません。その場の流れで決断してしまって、失敗することもあります。しかし、感情であれ衝動《しょうどう》であれ、勘が働いて選択したとしたら、その選択でよかったと思うべきなのです。

例えば、仕事で上司と対立して、けんかをしてカッとなって辞めてしまったとします。こういう場合、軽はずみだったかなと悔《く》やんだりします。

けれども、カッとなったということは、理屈ではなく勘で動いたわけだから、これは間違っていなかったと思ったほうがいいわけです。

かりにそのまま会社にいても、上司は部下が自分に従っていないのを感じないわけがありません。けんかなどせずに我慢していたとしても、上司から冷遇《れいぐう》され、面白い仕事は回してもらえないかもしれません。

ひたすら忍耐《にんたい》しながら会社にいるくらいなら、辞めてよかったと思えばいいのです。

ただし、もうひとつの選択として、様子を見るというのもあります。上司はいやな人間だけれど、仕事は面白いし続けたい。だとしたら、いずれこの上司も別の部署に異動するかもしれないし、もう少しここでやってみようという方法をとってもいい。これもまた、ここはペンディングにしたほうがいいなという勘が働いているわけですね。

だから、僕はやみくもに、なんでもかんでも我慢すれば正しいというものではないと思います。我慢は美徳だみたいな教えもあるけれど、意味のない我慢をしてもしようがない。

ひたすら我慢しようという結論ではなく、様子を見るというやり方だったらいい。だけど、大切な人生、堪《た》え忍《しの》んで時間を浪費《ろうひ》するなんてもったいなさすぎます。

人間はここぞというときに、勘が教えてくれます。そのときは頭であぁだこうだと悩むより、その勘に従ったほうがいい。理屈より本能が、自分の選択を決めてくれることがけっこうあります。

Rule 21

今がつらくてそこから逃げ出しても同じことの繰り返し現在のよさは後になってわかるから結論を急ぐのはやめよう

人生にはときとして、いろいろな環境の変化が訪れます。進学や就職や結婚などによって、生活が大きく変わるわけです。

中にはそこで気持ちや体調を崩《くず》す人もいます。新しい環境になじめず、やる気が出なかったり、憂《ゆう》うつになって悩んでしまう。

とくに進学したり、就職すると、五月病《ごがつびょう》のようになるわけですね。

おそらく人間というのは、もともと環境の変化が好きではないのでしょう。意識の中では、変えてみたいとか、新しいことをしたいという願望があるわけです。でも、変化がほしいと思いながら、実際には変わらないでいるのが、いちばん楽なのだと思います。

　ところが、進学や就職で否応《いやおう》なく環境が変化すると、そこで拒否反応を起こす人がいるでしょう。

　だけど、僕から見れば、敏感すぎるような気もします。人間の筋肉だって、いきなり運動をすると痛くなる。それが、しばらく運動を続けていると、筋肉も慣《な》れて痛くなくなる。

　同じように心も、時間が経過すれば新しい環境になじんでくるはずです。

　それと大事なのは、つらいときの充実感は自分ではわからないということです。今は新しい環境で、悩んだり焦《あせ》ったりしているのかもしれません。

　しかし、緊張感の中のキフキラした輝きみたいなものは、その瞬間は自分では気づかない。

　人間はいつだって生きることに精いっぱいで、そのときこの大変さが面白いと感じる余裕なんてないのです。

　だから、自分にとっていちばん充実しているときや楽しいときは、常に過去の中に存在しているんですね。

例えば青春時代だって、青春のさなかに悩んだり、傷ついたりしているときはわからないものです。ああ自分は今、青春だなとは思わない。

あるいは、高校時代だって、そのときは楽しいなんて思っていなくても、大学生になると高校生のときはよかったなと思ったりする。社会人になればなったで、大学生のときはすごく楽しかったなと感じる。

まっただ中にいるときはわからないから、新しい環境だって何年かすれば、あのときは面白かったなと思えるときがくるのです。

ですから、環境の変化がつらくて、学校や会社を休みたくなったら、ずる休みしたっていいと思います。学校や会社を辞めたいなら辞めてもかまわない。

ただ、ここで辞めたって同じこと。また環境が変化したら、拒否反応があるから延々《えんえん》と同じことの繰り返しになります。

充実している現在のよさは後になってわかるのだから、結論は急がないほうがいい。もしかしたら、今のつらさは、何年後かに充実感を味わうためにあるのかもしれません。

結論をすぐに出さない、そういう選択もあることを知ってほしいのです。

Rule 22

恋愛と仕事を両立させたいなら女性の仕事に理解のある男性を選んだほうがいい

女性にとっては、恋愛、結婚、仕事という選択肢があります。若い女性の中には、恋愛か仕事かどちらを選ぶか迷っている人もいるのではないでしょうか。仕事ではなくても、自分のやりたいことがあって、恋愛を優先できなくなることもあります。そこで恋愛を取るか、自分のやりたいことを取るか、決めなくてはならない場合もあるでしょう。

僕の考えとしては、恋愛と仕事は両立できるものです。だから、恋愛も仕事もどちらも手に入れるのが理想だと思います。ただし、これはもちろん女性だけの問題ではなくて、相手の男性によるところも多く、結果うまくいかなくなることも多々あるわけですね。

例えば、仕事が忙しくて、彼と会う時間が作れない。だんだん気持ちが離れていって、最後は振られてしまった。こういう場合、ようするに女性は彼より仕事を選んだということです。

彼に振られたというのは、予想しなかったことではないと思います。たぶん自分の心の中では、いつかは答えを出さなくちゃいけないとわかっていて、先《さき》延《の》ばしにしていた。何度か彼の淋《さび》しそうな声も聞いただろうし、彼の怒った顔も見たんだろうけれど、にもかかわらず無理して会おうとはしなかった。だから男性のほうから答えを出したのです。

男性の立場から言うと、男というのは基本的に独占欲が強いものです。多くの男性が女性に望むのは、自分をいつも最優先してほしいということ。彼女にとって自分は、ナンバーワンの存在でありたいというのが本音《ほんね》です。

なのに、自分が会いたいのに仕事で会えないとなると、ナンバーツーの存在になってしまったんじゃないかという気がする。そうなると不安になって離れていくというのが、男性の心理ではないかと思います。

だから、女性は恋愛にしても結婚にしても、相手にどういう男性を選ぶかです。すべての男性に独占欲はあるにせよ、ある程度は理解してくれるほうがいい。自分はどんなことを優先したいかわかっているなら、自分にとってどんな相手がいいかもわかるはずです。

Rule 23

恋愛の選択の中で「両方とも好き」はありえない　必ず二人のうちどちらかへの愛のほうが強いはず

男性でも女性でも、恋愛をしていると選択に迷うことがたくさんあります。

その最たるものが、どちらの人を選べばいいかという場合。どちらも好きで、どちらを選べばいいかわからないことがあるわけです。

もちろん人間は、二人を同時に好きになることもできるし、二人と同時につき合うこともできます。だから二人とも好き、二人とも捨《す》て難《がた》いとしたら、両方とも失うまいとして二股《ふたまた》になるわけですね。

しかし、二人と同時につき合って、ずっとその状態を続けられるとは限りません。いつまでも二股を隠《かく》しおおせるわけもなく、両方にばれてしまったら、必ずどちらかを選べということになります。もしかしたら二人とも去って、二人を失うことも充分ありえます。

だから、二人とつき合うということは、結局は二人ともそれほど好きではないということなのです。自分としてはどちらも好き、選べと言われても困る、と思っているのでしょう。だけど心の奥底では、ばれてどちらをも失ってもいいという意識が、どこかにあるわけです。

なぜなら、人間は二人を同時に好きになることはできるけれど、二人を同等に愛することはできないから。どちらも同じくらい好きといっても、どちらかがほんの何ミリグラムか重い。まるっきり同じ重さの愛情というのはなく、秤《はかり》にかけたら、絶対にどちらかに傾《かたむ》くのです。

だとしたら、二人を同等に愛せないのだから、愛しているほうのどちらかを失いたくなくて、最初から二股なんてかけないのです。両方キープして二人とつき合おうとするよりも、愛しているほうを失うリスクがあったら、怖《こわ》いからそんなことは初めからしないと思います。

ようするに、二人とつき合うのは、つきつめれば、二人ともその程度の人だということ。どちらも失いたくないと思っていても、本当の気持ちはあわよくばどちらかが残ればいいし、どっちも失ってもいいと思っている。どのみち、ひとりで二人分の愛は与えられないのです。

両方とも手に入れたい気持ちはわかります。でも、両方とも同じだけ愛せるようには、人間の心はつくられていないのです。

Rule 24

人間関係がうまくいかなくても
あまり気にすることはない
今いる場所でダメでも
別の場所に動いてみれば
きっとどこかでうまくいく

人はみんな、他の人間と関《かか》わりながら生きています。この人間関係というのは、自分では選択できないようなところがあります。学校や職場のつき合いなど、社会の中で生活しているからには、そこにいる人々と仲良くしなければならないわけですね。

ただし大切なことは、人づき合いをあまり難しく考えてはいけないということ。学校や職場で周りとしっくりいかないことがあるかもしれません。何人か友達はいるけれど、あまり気が合わなくて、イヤだな、楽しくないなと感じているかもしれません。しかし、そこであまり気にしすぎないほうがいいと思います。

これだけ複雑化された現代の社会で、周りの友達などの関係を、すべてうまくやろうとするのは、難しいと思うんですね。本来、人間関係は数値化《すうちか》できるものではないし、客観的に見えるものでもない。

それぞれ性格の違う人間が、それぞれ感情や意見を持って生きているわけだから、こうすればいい関係ができますよというのはない。

だから、人間と人間の関係はアヤフヤなものだし、そこがまた面白いのです。

なのに、自分はあの人とうまくいかないとか、誰とは合わないとか、悩んでもしようがない。友達から嫌われたとか、友達とけんかしたとか、友達ができないとか、モヤモヤした憂《ゆう》うつな状態があったとしても、モヤモヤした状態は曖昧《あいまい》なままにしておけばいい。それをみんな解決して、周りの人との関係をよくしようとするのは、無理があるのです。

例えば、川のここから向こうまでの間に、何匹魚がいるでしょうというのと同じです。川は常に流れていて、魚は泳いでいる。ある魚は泳いでいっていなくなるし、ある魚は水の底に止まっているし、また別の魚がやってくるかもしれない。

それと同じで、学生時代に友達が何人いるでしょうといっても、途中でけんかして仲良くなくなった友達もいれば、ずっとつき合っている友達もいれば、最近できた友達もいるわけです。

人間の関係というのは、ひじょうに流動的なものなんですね。計画して誰かとつき合って、誰と仲が悪くなって、なんてできるものじゃない。多少誰かとぶつかったとか、仲間外《はず》れにされるとかあっても、たまたま今はこじれているんだな、と思えばいいのです。

ですから、人間関係がうまくいく秘訣《ひけつ》があるとしたら、それは気を楽にすることです。例えば学校や職場に、気の合う友達がいなくてつまらないとします。

けれども、学校や職場という小さな空間で、必ずしもいい友達ができるとは限らない。だとしたら、気の合う友達がいなくても、いないままでかまわない。

気が合わなくても、適当に合わせられるときは合わせておけばいいし、面倒くさいときはひとりで行動すればいいのです。

学校や職場に友達がいなくても、帰りに寄った本屋さんで友達ができるかもしれない。小学校や中学校のときの友達に電話して、またつき合うようになるかもしれない。そうやってできた友達が自分の友達を紹介してくれて、仲良くなれるかもしれない。

たしかに、人間関係は自分のいる環境では、選択の余地《よち》がないこともあります。でも自分が動くことで、環境は変えられるのです。

Rule 25

自立してひとり暮らしをするか それともこのまま親と暮らすか 大人になるためには 自立する選択をしたほうがいい

選択できる自分になる。決断できる自分になる。さらに選んで決めたら、行動できる自分になる。これは若い人が大人になるための、ひとつの原則と言えるのではないかと思います。

だから、もしも今の若い人が大人になりきれないとしたら、たぶん自分がやりたいことを選択しようとしていないからです。大学生になっても社会人になっても、精神的に子どもっぽいとしたら、自分にやりたいことがあるにもかかわらず、行動できないからだという気がします。

そして、選択もせず行動もしないまま、イヤんなっちゃう、つまんないと不満ばかり言っている。このままじゃイヤだ、でもどうしていいかわかんないと、立ちすくんで止まっている。

これではいつまでも子どものままで、大人になれるわけがない、成長できるわけがないのです。

例をあげると、親と同居している人たち。

親と暮らしていれば、どこの親でもたいがい干渉《かんしょう》してきます。夜遊びして深夜に帰れば叱《しか》られる。彼とのつき合いにも口出しされるし、着ている洋服が派手だのなんだのと怒られる。そこで、うちの親ってなんでこんなにうるさいんだろう、と憤慨《ふんがい》するわけです。

だったら、家を出て自立すればいいんですね。子どもの立場からすれば、親はいちいちうるさくてうっとうしい。それなら、いっそ親から離れて、ひとり暮らしを始めればいいわけです。

親がうるさいといっても、世のほとんどの親というのは、本来うるさいものなのです。人間はみんな同じでそう変わりはない。よほど個性的な人とか、独創的な人でない限り、ほぼすべての人間が世の中の流れの中で生きているのです。

そうすると、親が子どもに干渉するという図式はどうにもならない。よほど変わった親でなければ、たいていの親は心配もするし、口出しもするし、ああしろこうしろと命令したりする。

昔も今も、親というのはそういうものであり、それを変えるのは無理なのです。

だとしたら、僕はやはり親に心配をかけてはいけないと思うわけですね。これは道徳や倫理《りんり》ではなく、親がうるさいものだとしたら、いまさら改めろというのはできない。

親に心配させないように、友達の家に泊まることにして、彼の部屋に泊まるしかない。友達と勉強すると嘘《うそ》をついて、クラブやカラオケに出かけるしかないのです。

だからこそ、自立したほうが心配をかけないようにできると僕は思います。

親と住んでいると、どうしても何時に出かけて、何時に帰ってきたというのがわかってしまう。

外泊するときも、誰の家に泊まるとか、策《さく》を弄《ろう》さなくてはならない。どのみち、自分は遊んだり泊まったりしたいわけだから、親の心配が届かないところにいたほうがいいのです。

そうやって、自分の判断で行動するようになると、自宅にいたときは見えていなかったことが見えるかもしれません。自分の責任で遊んだり泊まったりしているうちに、親がどうして心配するのかが、理解できるかもしれない。

親がうるさく言っていたのはこういうことだったのかと、納得《なっとく》せざるをえない事故がひょっとしたら起こるかもしれません。

そうしたことは、経験して学んでいくしかない。自立して知っていくしかない。僕は、それが大人になるということだと思います。

Rule 26

家族といるよりも恋人といるほうが楽しいそういう時期はきっとやってくる焦ることなく待つこと

自分で判断し、自分で行動し、自分で責任をとることを学ぶ。そのためには自立したほうがいいと、僕はお話ししました。

ただし、これは親の干渉がイヤだという場合です。親がうるさくて自由がないという、そういう不満を持っている女性がいる。だったら自立してみなさい、独立してみなさいと、僕はすすめるわけです。

最近は反対に、自宅にいるほうが楽でいいという女性もいます。親と住んでいれば、母親が食事も洗濯も全部やってくれる。何より母親やお姉さん、妹といるのは気がねがなくていい。恋愛もするけれど、母親や女きょうだいとのつながりのほうが強い女性もいるわけですね。

例えば、ある女性には同じ会社の彼がいる。だけど彼は、仕事の話とか野球の話しかしなくて面白くない。これが家に帰れば、母親や女きょうだいがいて、テレビドラマの話や、洋服の話なんかをしていると、そっちのほうが楽しかったりする、みたいなことがあると思うんですね。

おそらく、こういう女性は自立したいなんて思わないでしょう。ただ「お母さんやお姉さんといるほうが気楽だけど、このままでいいんだろうか」という気持ちはどこかにあるかもしれない。

「このままだと家が心地よすぎて結婚できないかも」という不安もあるかもしれません。

だけど、不安になる必要はまったくないと思います。自分にとって、今それが心地いいならこのままでいい。今はつき合っている男性の魅力が、家族といる気楽さを超《こ》えていないだけ。家族と過ごすより楽しい、そういう男性がこれから出現する可能性だってあるわけです。

大切なことは、今どう行動したいかという気持ちです。

Rule 27

自分にとって本当に必要かどうかを見極めることが大切 必要のない時間はどんどん捨てていこう

若い女性には、とにかくもっと選択する勇気を持ってほしい。そして、行動する勇気を持ってほしいと思います。

そのために、自分の時間をまず振り返ってみてください。

学校や仕事に行って、その他の時間は何をしているのか？　学生やOＬだったら、友達と毎晩のようにカラオケで飲んで歌っているのかもしれない。日曜は友達に誘われて、テニスやドライブに行っているのかもしれない。それとも友達につき合って、買い物をしているかもしれない。夜も休日も、なんだかんだで時間が埋まっているかもしれません。

だとしたら、そういう時間が自分にとって楽しいのかどうか？　自分の時間を好きなことに使っているかどうか？　見直してみることが必要です。なぜならば、見直すことによって、自分にとって必要なものは何で、必要ないものは何かがわかってくるからです。

とくに人間というのは、必要なものはわかっていても、必要のないものは何かがなかなかわからないのです。だから、部屋の押し入れやクローゼットに、不必要なものがたくさんしまってある。結婚式の引き出物から、通信販売で買って使っていないもの、着なくなった洋服などなど。

それらは、必要ないのに必要があるような気がして、義理なり惰性《だせい》なり思い出なりで、とりあえず確保しているわけです。

これは、時間の使い方と同じなんですね。

例えば、お酒は好きだけど、カラオケは好きじゃない女性もいるかもしれない。テニスは好きだけれど、ドライブは好きじゃない女性もいるかもしれない。友達の買い物につき合うのは嫌いだという女性もいるかもしれない。なのに、無理してつき合って、時間を潰《つぶ》しているわけです。

だからこそ、義理や惰性で好きじゃないことをするのは止《や》めるという選択をすることが重要です。この時間は大切で、この時間は必要ないということを、明確に出さなくてはダメなのです。

自分にとっていらない時間は、捨てたほうがいいと思います。そこから自分の選ぶべきもの、行動すべきことが見えてきます。

第3章

相手に望むより自分が変わればいい

Rule 28

人生とはままならぬものならばいいことと悪いことを数えいいことが悪いことを上回ればそれでよしとしよう

今の時代、ものごとがなかなか自分の思うようにならず、不満をいつも抱《かか》えている人はたくさんいるのではないでしょうか。あれもイヤ、これもイヤ、どこに行っても、何をやっても、気に入らない。そういう文句の多い人は、ときどきいます。

例《たと》えば、どんな男性とつき合っても、いやなところが見えて嫌いになってしまう。どんな仕事をしても、続かなくて辞《や》めてしまう。あるいは、どんな習い事をしても、すぐに飽《あ》きてしまう。

ようするに無自覚というか、辛抱《しんぼう》が足《た》りない女性は、わりといるわけですね。

だけど、知ってほしいのは、ものごとはそう自分の思うようにはならないということです。人生はままならぬものというのは、人が生きる上での鉄則《てつそく》。人生も世間も他人も、自分の望むようにはならない。これは、人間がどこかで必ず学ばなければならないことなのです。

僕なんかは、中学受験で開成《かいせい》中学を落ちたときに、人生はままならないと知りました。為《な》せば成ると教えられ、頑張《がんば》って勉強したのに受からなかった。為せば成ると信じていたのに、「嘘《うそ》だ」成らないじゃないかと思った。

ものごとは思い通りにならないと、小学生にして悟《さと》ったわけです。

人によっては、中学生くらいで片想いをして、こんなに好きなのに、どうして伝わらないんだろう、という経験をするかもしれません。あるいは、高校生のときクラブ活動で部長になったけれど、部員がついてきてくれない、なんてこともあったかもしれません。

これも、人生ままならぬわけだから、それが原則なんだということに気づかなければならないのです。

だからもしも社会人にもなって、人生はままならぬと思っていないとしたら、やはり気がつかなければならないわけですね。

例えば、どんな会社に勤めても、上司がイヤ、仕事がきつい、給料が安いというふうに、いやなことばかり見つけて辞めてしまう。こういう人がいますが、この世の中のどこを探《さが》しても、いい人ばかりで、仕事が楽で、たくさんお金をもらえる職場なんてないわけです。だったら、どこかで妥協《だきょう》するか、線引きをしなくてはいけないと思います。

ひとつの考え方としては、ようは勝ち越せばいいわけです。

今勤めているところは、上司が嫌い、配属された部署がイヤ、残業が多いという三つのいやなところがある。

ならば、その会社の中で四ついいところを探してみる。

会社が家から近い、給料は悪くない、食堂のお昼ごはんがおいしい、会社のビルがきれい。

四ついいところを見つければ、ここで働いてもいいかと思えるでしょう。

だから、勝ち越しの論理で、いい点と悪い点を数えあげ、いい点が悪い点を上回れば、それでよしとする。満点の職場はないわけだから、いやなところだけを数えていくと、働ける職場なんかありません。

悪いところより、いいところが多いから、じゃあこれで納得しよう、という発想がなければ、どんな会社だろうと満足できるわけはありません。

人生はままならぬものだし、どこにも楽園なんかないのです。あれはイヤ、これも嫌いと逃げていてもしようがない。自分の気持ちや、見方を転換していかなければならないのです。

Rule 29
人は誰しも自分勝手なものだから
人間関係はうまくいきにくい
自分を棚に上げて
相手を責めるのはやめよう

思い通りにいかないのが人生だとしたら、その人生の中で人と人の関係も思い通りにはいかないものです。学校や職場には、必ずいやな人も、合わない人も、嫌いな人もいるわけです。

そこで人間関係が原因で、登校拒否《とうこうきょひ》になったり、出社拒否になる人も出てきます。学校や会社に行きたくなくなり、学校や会社を辞めて、別の学校に転校したり、他の会社に移ったりすることもあるわけです。

僕は、人間関係がこじれてどうしても辛《つら》かったら、退学でも退社でもすればいいと考えています。いやなものを我慢《がまん》する必要はないし、忍耐《にんたい》しながらその場所にしがみつかなくてもいい、と思っています。

ただし、人間関係がうまくいかないからといって、なんでもかんでも辞めればいいとはもちろん思ってはいません。

というのは、人間関係がうまくいかず学校や会社を辞めると、中にはどんどん否定的になっていく人もいるわけです。人とつき合うのは難しいという固定観念ができて、どこに行っても誰かとぶつかり、また学校や会社を辞めてしまう。学校はともかく、会社のほうはどんな職場でも、上司とか同僚とうまくいかなくなって退社してしまう女性がよくいるわけです。

だから、そういう女性に僕が言いたいのは、人間関係なんて、もともとうまくいかないものなんだということ。

人間はみんな、違う環境で育って、違う教養を身につけて、違う生活を送って、自分勝手に生きているのです。みんなが自分中心に生きているわけだから、本当の意味で、お互いが人のことを思いやるなんてありえない。

なのに、人間関係がいつもうまくいかないということは、人に期待しすぎる、完璧を求めすぎるような気がします。

たぶんそういう人は、自分がこうしてあげたから、相手もこうするだろうという甘えがあるのだと思います。つまり、自分が思うことを、他人にも望んで、その通りにならないと腹立たしい。だけど、人間関係だってままならないものだから、理屈じゃないわけです。

みんな自分の立場で生きているわけだから、自分がしてあげたことを相手がしてくれるとは限らない。むしろ、してくれなくて当然と思わなければいけないのです。

大事なことは、自分を棚に上げてはいけないということです。

人間というのは、自分だったらこうするのに、あの人はどうしてそうしないんだろうと責めたくなる。しかし、それが大きな間違いのもとで、自分がいいと思ってしていることが、相手にとって必ずしもいいことかどうかはわからない。逆に、相手にとっては不快かもしれない。

自分を棚に上げて、自分のしていることが正しくて、相手のしていることはよくないと決めつけるから、人間関係がギクシャクしてくるのです。

僕はいつも思うのですが、人間にはいい人も悪い人もいなくて、みんな同じなんですね。自分が人から傷つけられる代わりに、自分だって人を傷つけている。自分だけが親切に人に何かしてあげているわけではなく、自分もまた人から何かしてもらっているはずです。

そう思うと、人間関係がうまくいかないときは、自分も反対の立場だったら同じようなことをするだろうなと考えたほうがいい。自分は正しいけれど、相手の立場になってわかってあげなきゃと、きれいごとで考えるから、かえって許せなくなる。

そうではなく、合わせ鏡のように、自分のいやな部分が映《うつ》っていると思わなければいけないのです。

結局、学校や会社で誰かとうまくいかなくなって辞めたとしたら、それが癖になりやすいのではないかと思います。この環境では、もうやっていけないから辞めよう。そういう結論を出すと、別の場所でも、行きづまったら辞めるほうが楽なのだから、延々と同じ繰り返しになります。
人間はみんな、自分も他人も同じということを学んでください。

Rule 30
あの人のここがイヤと思っても人間は簡単に変われるものではない嫌いな人とはそれなりにつき合う方法を見つけること

自分はこうなのに、相手はそうじゃない。自分はこうするのに、相手はそうしない。このように、人間関係がぶつかるほとんどの原因は、お互いが自分の思いでしか、相手を見ないというところにあります。

だけど、人間はみんな同じだとしたら、自分が相手をイヤだなと感じれば、相手も自分のことをイヤだなと思うものです。自分はちゃんとしているのに、あの人はあそこがよくないと思っても、相手だって何かしら自分のことを、あの人はあそこがよくないと思っているのです。

たしかに、社会の中で牛活をしていれば、不快なことはたくさんあります。例えば、喫茶店で食事をしている人は、隣の人が煙草《たばこ》を吸っているのがイヤだな、と思うかもしれません。でも、煙草を吸っている人は、食事をしている人が、クチャクチャと音を立てて食べるのが気になっているかもしれません。

お互いに自分が相手を不快にさせていることに気づかず、相手の不快な部分に怒っているということがあるわけです。

だから、そこで自分を顧《かえり》みず、相手のいやな部分ばかり追いかけていってもきりがない。お互いがお互いさまと自覚しなければ、かりに携帯《けいたい》電話でうるさく話をしている人がいたら、その人は、隣の人が横で咳《せき》をしているのがうっとうしく、咳をしている人はまた、その隣の人が煙草を吸っていてイヤだとか、不快のなすり合いはずっと続いていくのです。

そこにいるすべての人が、誰にも迷惑をかけていないなんてありえないのだから、誰だって誰かに迷惑をかけているわけです。

いうなれば、それが世の中というものだと思います。

仕事をすれば、職場にはいろいろな人がいます。自分から見れば、威張《いば》っている人もいれば、嫌味《いやみ》な人もいれば、意地の悪い人だっています。だけど、先輩や上司に向かって、あなた変わってくださいと言っても変われないわけです。じゃあ、どうやってそういう人とつき合っていくか、それがいちばん大切なことなんですね。

ですから、お互いさまだと自覚しなさいと言いたいのです。若い女性が、あの上司は威張っているとか、あの先輩は嫌味だとか、あの同僚は意地悪だとかいっても、それは自分からそう見えるだけのこと。

その人たちを呼んできて話を聞いたら、その人たちだって彼女はいいかげんだとか、悪口をいろいろ並べられるかもしれない。

だったら、嫌いなら嫌いなりに、共存していくしかないわけです。嫌いな人と無理に握手をしてもしようがない。

仕事に必要な話だけはするとか、仕事をする時間をずらすとか、方法はあると思います。

どんな人にも、他人にもっといい人になれと言う権利はないのです。自分も他人も、人間はそう簡単に変われないのだから。

Rule 31

不満を言っているだけでは何も変わっていかない　何かを変えたいのなら周りに望むより自分のほうが変わりなさい

人間は自分の思うようにいかないとき、周《まわ》りのせいにしたがります。あの人がこうだから、環境がこうだから、世間がこうだからと、自分がうまくいかない理由は、周りがいけないと思いたがるわけです。

仕事をしている女性にも、そういう人はいるのではないでしょうか。

とくに仕事に頑張っている人ほど、壁にぶつかると、周りのせいにする傾向がなきにしもあらず。仕事のできる女性であればあるほど、自分はこんなに働いているのにと思ってしまう。自信があるからこそ、自分はちゃんとやってるのに、という思考にいくような気がします。

例えば、ふつうの企業だったら、この男社会の中で男性のほうが有利なのは否《いな》めないわけです。総合職で入社した女性がいくら業績をあげても、同期の男性社員のほうが早く出世していったりするわけですね。

そこで、女性としては男女差別に怒りを感じるのでしょう。なんで、自分のほうが数字を上げているのに、男性のほうが評価されるんだろう、と頭にくることもあるのではないでしょうか。

しかし、これは男女差別がよくないとしても、現実問題としてそのようなことは存在しているのです。もちろん男女平等が理想ですが、社会の仕組みとして、男性のほうが出世《しゅっせ》していくシステムになっている。それを、今すぐひっくり返そうとしても、不可能なのは見えているわけです。

だったら、男女差別を論議するよりも、頑張って業績をもっとあげていくしかない。現在、営業のトップクラスの男性と並んでいるとしたら、倍の成績をあげる努力をしたらどうですか、ということです。厳しい現実ではありますが、そうすることが最善の方法だと思います。

つまりは、ものごとはままならぬものだから、社会の構造だってままならないのです。なのに、自分のほうから見て、どうして男性のほうが出世しちゃうの？　どうして頑張っているのに評価されないの？　どうしてこうなの？　とぶつぶつ言っていてもしようがない。現実を受け止めて、その中で勝っていくしかないわけです。

これはひじょうに大切なことですが、周りに変わってほしいというのは無理なのです。たしかに、世の中には理不尽《りふじん》なことや、納得できないことや、理解しがたいことがいっぱいある。だけど、自分のほうが変わるしかない。

何かを変えたいなら、周りが変わるのを期待するのはやめること。何かが変わらないのを、周りのせいにするのもやめること。まず、自分が変わることで、現実との距離を変えていくしかないのです。

Rule 32
集団や組織に属するのがイヤだとしたら独立してみるひとりで生きていくことの厳しさがきっとわかるはず

僕たちはみんな、ひとりで生きているわけではありません。また、人はひとりで生きていけるわけでもありません。だから、家庭とか学校とか会社などで、周りの人々と共同生活をしているわけです。

複数の人間と共同生活をしていれば、お互いに協力したり、譲歩《じょうほ》しなければならないこともあります。ときには社会の決まりごとに、いやでも従わなければならないこともあります。これは、人間が社会を営《いとな》んでいるからには、避けて通るわけにはいかないのです。

ところが、なかには集団の中で、みんなに合わせるのはイヤだと思う人間もいます。みんなと同じ行動をして、みんなの意見に合わせていく。それが自分には向いていないと感じる人間もいるわけです。

例えば、OLだとしたら、自分はOLには向いていないな、と思ったりするのではないでしょうか。つき合いで残業したり、社内で旅行に行ったり、昼食は一緒にお弁当を食べたり、そういった諸々《もろもろ》の行動がすごくイヤだという人もいるでしょう。

しかし、OLに向いていないという以前に、ちょっと考えてほしい。人間はもともと、みんな勝手な動物なのです。本当は団体行動なんかしたくないし、団体や組織に所属もしたくない。だけど、大昔に食糧を採《と》ったり、外敵と闘《たたか》うときに、集団でまとまっていないと生き抜いていけないから、群《む》れをなした。そして、群れをなしたときに、組織を整《ととの》え、規則を作っていくことが、現代社会にまでつながっているのです。

このような原理原則からすれば、団体行動がイヤだとしたら、無人島かどこかで自給自足をして暮らすしかない。社会の中で生きているからには、群れ集《つど》わないわけにはいかない。

人間は、本質的に協調性などないにもかかわらず、会社なり組織なり団体なりで、イヤイヤながらでも集団行動をするから、お金をもらい食べていけるのです。これはどの業界であろうと、音楽、マスコミ、広告でも同じです。

ただし、そうはいっても、日本の会社特有の集団意識みたいなものがイヤだという気分は、わからないでもありません。ならば、独立して自営業になればいいのです。集団に帰属してお金をもらうのではなく、自分ひとりで稼《かせ》いで食べていけばいいのです。

そうすると、会社勤めより自営業のほうが、協調性を必要とされることがわかります。例えば、取引先から、みんなで旅行に行くとなったら、行かなくてはならない。カラオケで、全員で肩組んで歌うとなったら、歌わなくてはならない。

気楽に、「こういうの嫌い」なんて言っていられないのです。

人間はみんな気ままに暮らしたい。だけど、完全な自由はありえない。この現実の社会の中で、自分はどう生きていくかです。

Rule 33

会社という組織の中では目立つスターは必要とされない個性ある自分でいたいならプライベートな時間に自分らしさを発揮すればいい

社会の中で思いのままに、自分らしくいるのは、なかなか難しいものです。とくに会社という組織では、個の人間としていつも自分らしくいられるものではない。少なくとも会社にいる時間は、その会社の人間として過ごさなくてはならないわけです。

このことが苦痛だったりするかもしれません。若ければおしゃれはしたい。

ファッションにしても、ヘアスタイルにしても、自分の個性を出したいと思うのかもしれません。

だけど、現実社会の中で、自分だけ突出《とっしゅつ》した格好はできないわけです。もちろん業種や企業によって異《こと》なりますが、茶髪や日焼けさえダメというところもある。会社としてそれを規制しているとしたら、お給料をもらう以上、規則には、やはり従わなければならないのです。

つまり、日本の会社運営というのは、団体行動の極致《きょくち》と言えるわけです。会社というのは、言ってみれば人を歯車として使う工場のようなもの。そこで歯車のひとつが飛び出ては、周りとうまく嚙《か》み合わなくなる。だから、目立つスターは必要としていないのです。

しかし、それで個性がなくなるとは僕は思いません。むしろ、規則に真っ向から反発することもないと思う。これが自分らしい個性だからと、奇抜《きばつ》なファッションをするのは、やはり規則違反です。

例えば、高校に校則があっても、放課後はスカートを折って短くできる。学校ではお化粧はできないけれど、外に出たら口紅を塗《ぬ》れる。それと同じで、会社から出たら、自分のしたい格好をすればいいのです。

自分のいる場で、そこの規則がイヤだと言ってもしようがない。規則に従うということは、自分らしさを失うことではありません。

Rule 34

どんな社会にもルールがあり ルールを守らないと 世の中は動いていかない それがイヤだとしたら ルールのない環境を選択する

人間は何ものにもとらわれず、気ままに生きていければ、言うことはない。社会人になろうと、会社勤めをしていようと、好き勝手にしたい。本音でそう思わない人なんて、世の中にいないでしょう。

しかし、社会人として生きていくからには、社会という環境ではいつも好きなようにはできません。会社という場所で、自分は自分、周囲は関係ないというわけにもいきません。

会社には、従わなくてはならないルールがあり、守らなければならないマナーがあるのは事実です。また、ルールやマナーは無視できないし、無視してはいけないと思います。

例えば、敬語とか言葉遣《づか》いというのも、そのひとつ。最近の若い人は、敬語がなっていないとか言われています。上司や来客に友達のようになれなれしく話したりする。職場でも男言葉でしゃべって、周りは耳障《みみざわ》りで不快だったりする。

本人は、これが自分らしさだからと気にしていないのかもしれませんが、職場という状況のもとでは、やはり言葉はちゃんとしなくてはいけないわけですね。

もちろん、私生活で友達といるときには、男言葉だろうが流行語だろうが、どんどん遣《つか》って好きにすればいい。それから、自由業の人やフリーターの人が、敬語なんか知らなくていいんだよ、と言うのもかまわない。

でも、社会人として企業に所属しているのなら、会社のルールであるところの敬語はきちんとしなければおかしいわけです。

結局、社会というのは、こういうものだと割り切らなくてはいけないことがいっぱいあると思うんです。

なぜなら、社会にはさまざまなルールがあって、ルールを守らなければ社会そのものが成立しなくなってしまう。東京という都市に、これだけ人口が集中していて、例えば信号が赤だったら止まりなさい、緑だったら進みなさいというルールがある。そのルールを、自分はやりたいように走るんだといって従わなければ、交通はグチャグチャになるでしょう。

敬語とか言葉遣いというのは、それと同じです。

信号のルールがイヤだったら、車のない土地にでも暮《く》らすしかない。敬語や言葉遣いをちゃんとするのがイヤだったら、会社員を辞《や》めるしかない。東京に住みながら、信号は赤で進むんだとか、会社員をやりながら、自分は敬語なんかどうでもいいんだとか、ことさら主張しても、ほとんど意味がありません。

自分らしくいるというのは、ルールを無視することではないと思います。ある環境の中で守るべきルールを守りたくないなら、そのルールを守らなくていい環境を選択したほうがいいのです。

Rule 35

自分の思い通りにしたいのならそれだけの仕事をしなさい
仕事ができる人間に他人は何も言わない

社会人になったからには、社会人らしい行動を要求されます。社会に出て、会社に入れば、行動もそれらしく振る舞わなければならない。これは否応《いやおう》なく、世の中の決まりごととしてあるわけです。

しかし、高校や大学を出たばかりだと、そのへんがよく理解できなかったりする。いわゆる学生気分が抜けていないということで、上司や先輩に注意される。今の若い子はけじめがないとか、チャランポランだとか、目上の人間からあれやこれやで叱《しか》られるわけですね。

例えば、仕事中にものを食べたり飲んだり、友達と私用電話で長話をしたり、携帯《けいたい》電話が鳴ったりする。あるいは、今は暇な時間だからいいやと、雑誌や漫画を読む人もいるかもしれない。女性だったら、もしかしたら机の上でお化粧をするかもしれません。

そこで、上司や先輩から怒られるわけですが、これは怒られるのが当然。みんなが必死になって仕事をしているところで、場の空気が読めないのは、はっきり言って頭が悪いということ。社会人として、または会社員として、こういう行動は論外と言っていいわけです。

しかし、僕がここでそう言っても、上司や先輩から怒られたときに、「こんなことでいちいちうるさい」と感じている人もいるかもしれません。

注意された状況によっては「サボっているわけじゃないんだからいいじゃない」と思うかもしれません。

だったら、「怒られないだけのことをしなさい」と言いたいのです。自分は携帯電話をかけたり、雑誌を読んだりしたい。それなら、そういうことをしても、何も言わせないだけのことをすればいい。

仕事中に携帯電話をかけてはいけないという規則があったとして、自分は、友達にかけたいときにかけるというなら、かけても許されるくらいの仕事をすればいいのです。

上司や先輩だって、仕事のすごくできる部下が、友達と携帯電話でしゃべっていたら、これはしようがないということになります。営業部で、何億もの仕事をひとりで取ってきた、そういう部下ならば、特例として認めようということになる。

つまり、自分のやりたいようにやるなら、それなりの仕事をしなければならないわけで、全部自分に跳《は》ね返ってくるのです。

だから、周りから怒られて、そこで止まっていてはいけない。権利だけ主張して、義務を疎《おろそ》かにしては怒られるのがあたりまえ。怒られるのがいやなら、まず周りに認められる自分になることです。

Rule 36
年輩の人間はいつだって若者を批判したがるもの　反発する前に自分がやるべきことをやる

世の中には、いろいろな立場の人間がいます。会社だったら、上司がいて部下がいる。つまり上下関係があるわけです。

若い部下の立場からすれば、やはり上司はうっとうしい存在でしょう。仕事をしていれば、ああしろ、こうしろ、あれはするな、これはダメだと、注意される。どちらかと言えば、自分の上司が好きという人よりは、嫌いという人のほうが多いのではないでしょうか。

しかし、世の中の上司というのは、すべからくそういうものなのです。つまり、上司の立場から見れば、若い部下のすることなすことが、なっていないように見えてしまう。

上司とか先輩とか、年輩の人間というのは「今の若いやつは」と言わずにいられないものなんですね。

例えば、「今の若いやつは、こちらから指示しないと仕事をしない」というのは、ひとつの典型でしょう。

なぜなら、上司というのは、仕事をずっとやってきて慣れているから、この先何をしなければいけないか読めてきます。だけど、新卒の入社したてだったら、この次どういう段取りになるかわからない。それで、指示されるのをじっと待っていて、上司から叱られるというわけです。

だから、「今の若いやつは、こちらから指示しないと仕事をしない」と言う上司にしても、かつて上司から同じように叱られているはずです。

人間は勝手なもので、自分がわかったときは、わかっていない人に注意したくなる。それは間違っているよとか、どうしてこうしないんだとか指摘したくなる。そして、指摘されたほうはまた、自分がわかってきたら、今度またわかっていない人に言いたくなるわけです。

だとしたら、上司から注意されたら、上司というのは注意したがるものなんだと思っていればいいのです。部下の立場からすれば、こっちはまだわからないんだと言いたいかもしれません。しかし、わかっている人から注意されて、仕事は覚えていくものです。

それよりも、まずはやるべきことをやる。自分が言いたいことを言うのは、指示されなくても仕事ができるようになってからです。

Rule 37

人間にはみんな役割があり それぞれが役割を果たして社会は機能しているのだから自分とは違うタイプの人を否定してはいけない

若いときは誰でも、自分のことしか見えないものです。本質的に人間はみんな、自分しか見えないもの。それでも、年をとるにつれて、ちょっとは周りも見えてくる。ところが、若いうちはいつも自分だけが正しくて、自分のものの見方がすべてになっています。

だから、若いときは、周りや他人を批判しがちになる。自分はこちらに置いといて人のせいにしたり、人を責《せ》めたりする。

自分だけの見方で見るから、どうしてあの人はああなんだろうとか、なぜあんなことを言うんだろうとか。周りの人を否定したくなるのです。

例えば、学校や会社には、いろいろなタイプの人がいます。

中でも、周りの人を否定するタイプは、自分に自信のある人。勉強ができるとか、仕事ができるとか、なんらかの自信を持っているタイプの人に多いようです。そういう人はよく、自分とは反対にのんびりした人を見ていると、イライラしていじめたりしてしまう。

自分の視点からだけしかものが見えていないから、自分と違うタイプの人を排除《はいじょ》したくなるわけですね。

しかし、学校や会社といった集団社会には、いろいろなタイプの人間がいなければいけないのです。

つまり、人間関係というのは、さまざまな人間の役割があって成り立っているわけです。勉強や仕事ができてテキパキしている人もいれば、のんびりしてトロい人もいる。

これが全員テキパキしていてリーダー・シップを握《にぎ》ろうとすれば、社会はうまく動かなくなってしまいます。

それと、仕事や勉強のできる人だって、現在いる学校や会社の中でできるというのにすぎない。かりに、別のもっと優秀な人間ばかりの学校や会社にいったら、自分だってトロい人になってしまうかもしれない。

人間の能力なんて、しょせんそんなものなんです。

だから、自分だけの見方で見るのはやめなさいと言いたいのです。

人間関係には役割が必要だとしたら、のんびりした人だっていなければいけません。また、人間の能力だってたいして変わりはないのだから、のんびりしている人間のほうが人望を集め、いつか立場が逆になるかもしれない。

現在、自分はのんびりしている人を見てイライラする。だとしたら、その優越感のようなものは、自分だけの思い込みでしかないのです。

もしも、周りの人を否定したり、批判したり、排除したりしているなら、ちょっと視点をずらしてみる。

視野を広げて、全体を見てみる。すると、自分の見方の小ささが少しはわかるはずです。

Rule 38

自分勝手な人を責めるなら自分だって勝手なことはできないだから自分は完璧ではないとわかっているなら責めるより許したほうがいい

周りの人を見て、他人のことを否定するのは簡単です。自分のほうから見れば、あの人はこういうところがよくない、この人はここがおかしいと、他人の欠点がいろいろ見えてきます。

だけど、それは自分の見方でしかない。人間はみんな同じだから、わがままな部分がない人もいないし、ずるい面を持っていない人もいない。

みんな同じように欠点だらけの人間なのだから、誰しも他人があぁだこうだと言える立場にないわけです。

例えば、学校や職場に、わがままで自分勝手な人がいて頭にくるとします。だったら、その人に頭にきている自分はどうなんだろうと、まず考えなければいけない。

自分は全然わがままじゃないのか、自分勝手なところはないのかと考える。そう考えると、たいていの人は、自分だってけっこう勝手なことやっているなと思い当たるものです。

つまり、自分のほうからだけ他人を見るのではなく、周りから見た自分も見てみる。そうすれば、自分だって人のことを言えないなと思う。他人をどうこう言えるような自分じゃないな、と思うはずなのです。

しかし、中には自分はあそこまで勝手じゃないと思う人もいるかもしれません。自分はどうなんだろうと考えたときに、自分だってわがままだけれど、あんなにひどくはない、と考える人もいるかもしれません。

それなら、本人にはっきり言えばいい。あなたは勝手だから迷惑していると、本人に伝えればいいのです。ただし、他人にそれを言うと、自分に返ってくるということは覚えておいてください。

かつて、僕がいっしょに仕事をした有名な歌手がいます。

その人は完璧主義者で、仕事にはひじょうに厳しい人でした。スタッフがいいかげんな仕事をしたり、失敗したら、どんどんクビにしていきました。だから、周りの人間はいつもピリピリ緊張していました。

その人がなぜそんなに厳しくするかというと、他人にプレッシャーを与えるためではなく、おそらく自分にプレッシャーを与えていたのでしょう。

つまり、他人にそこまで言うからには、自分だって完璧でいなければならない。想像するに、その人は他人に厳しくすることで、自分も失敗できないところまで追い込んでいたのではないでしょうか。

だから、自分勝手な人のことが頭にくるとしたら、本人にそう言えばいい。その代わり、自分は絶対に自分勝手なことも、わがままなこともしてはいけない。そこまで自信があるなら、本人に言うべきなのです。

人間はふつう、完璧になんてなれません。他人を否定できるほど、立派な人間もほとんどいません。他人を否定したくなったら、やはり自分はどうなんだという見方をしたほうがいいと思います。

Rule 39

誰もが犯しやすい間違いは嫌いな人の存在を認めないこと だけど認めなくてはいけない

人は、みんなたくさんの人々と接して暮らしています。学校や会社などで、いろいろな人が周りにいるはずです。周りにいる人は、いい人ばかりではなく、いやな人も、嫌いな人もいるでしょう。

だけど、それは自分から見たいやな人であり、嫌いな人だということ。つまり、他の人にだって、自分にとってのいやな人や、嫌いな人がいるのです。

ということは、自分だって誰かにとって、いやな人かもしれないし、嫌いな人かもしれません。

僕は、人を嫌いになってはいけないとは言いません。イヤならイヤなままでいいから、他人を認めなさいと言いたい。自分にとっていやな人を、否定するのはやめなさい、と言いたいのです。

学校でも会社でも、どんな環境であれ、いろいろな性格の人がいます。色鉛筆にたとえるなら、人間の数だけ、違う色の鉛筆があるようなもの。自分は赤だったら、白の人もいれば、黒の人もいる。緑の人もいれば、黄色の人もいれば、黄緑の人もいるわけです。

そうすると、努力するのが自分の色だとしたら、要領のいい色の人もいるのです。

そこで、自分はこういう努力する色だけれど、要領のいい色は嫌いだから、あなたはどこかへ行ってくれとは言えないでしょう。色鉛筆が箱に並んでいるとしたら、自分とは違う色の白い人もいるな、黒の人もいるな、黄色の人もいるなと認めなければいけないのです。

人がみんな間違いやすいのは、いやな人間の存在さえも認めないところです。どんなに嫌いだとしても、こういう人間もいるのだなと認めること。どんな人間であれ、そこに存在して暮らしているのですから。

Rule 40

悪口を言うことによるデメリットは自己嫌悪 他人の悪口を言いたくなったら責任をきちんと負えば言うのもいい

自分の周りにいる人すべてと、いい関係でいられればいちばんいい。嫌いな人なんかひとりもいない、みんないい人ばかりであれば幸せです。

ところが、現実はそうじゃない。当然、嫌いな人も、イヤな人も、うまくいかない人もいるわけです。

そして、僕もそうですが、悪口を言わずにいられなくなります。誰かに悪口をぶちまけて、怒りや腹立ちを発散したくなるわけですね。

僕はこの悪口というのは、言いたければ言えばいいと思っています。嫌いな人がいるから、学校や仕事に行かないというのはまずい。

すべてをいやな人のせいにして、不満ばかり言っているのもよくない。気に入らない相手を、いじめたり陥《おとしい》れたりするのも、もちろんしてはいけない。だけど、本人に決して伝わらないように、楽しく悪口を言う分にはかまわないと思います。

本来、悪口はいいことではないとされていますが、なぜなら悪口を言うことで、自分がいやな人間だと思われたくないからです。人間はみんな悪口を言いたい。

でも、悪口を言う自分が、周りに伝わるとイヤだと思うから、悪口を言うなんてよくないよねと言うのです。

だから、悪口の最大のデメリットは自己嫌悪《けんお》。悪口を言ったときは、すっきりした、気持ちよかったと思う。ならば、すっきりしたのと引き替えに、あとから自己嫌悪は自分で背負えばいいわけです。

ただし、悪口というのは、自己嫌悪だけですまない場合もあります。どこかで本人に伝わるかもしれないし、そうなれば自分だって言われる立場になる。安全地帯にいて、他人を非難することはできないのです。

もちろん、悪口を言わずにいられるならそれでいい。けれども、いい人でいたいから我慢するくらいなら、気持ちを出すべき。悪口には責任が伴《ともな》うことをわかっていれば、言ってもいいと思います。

Rule 41

傷つけることを恐れていたら本音で話ができなくなる たとえ傷つけたとしても壊れないような関係をつくるべき

この社会にこれだけたくさんの人間がいれば、人間同士ぶつからないわけにはいきません。どんなに親しい関係でも、お互い傷つけたり、気持ちがすれ違ったりします。

しかしながら、お互いにぶつかり合って築いていくのが、人間関係とも言えます。

だから、僕は人とぶつかることを、怖《こわ》がらないほうがいいと思う。

例えば、言葉で人を傷つけたとします。自分ではそんなつもりはなかったのに、何気なく言ったことで傷つけてしまった。だとしても、あまり気にしすぎないほうがいいと思うのです。

人間は言葉でコミュニケーションしているからには、会話の中でうっかり人を傷つけることだってあります。さり気なく言ったほうが、かえって相手の傷口が深くなることもあります。

しかし、そこで神経質になると、言葉を発せなくなるし、他人とつき合えなくなってしまいます。

重要なのは、傷つけても壊《こわ》れないような関係を作ること。

自分の言葉に怯《おび》えて、本音で話せなければ、いい関係にはなりません。たとえ自分が傷つけたとしても、相手が「痛い」と言ってくれればいいのです。何気なくひどいことを言ったとしても、「傷ついたんだよ」ということを発してくれるほうが、ずっといい関係になれるはずです。

これだけ人口の多い国で、他人をまったく傷つけないでいることなんてできません。満員電車だって、人の足を踏まないようにするのは大変です。だとしたら、踏んだり踏まれたりしながら、お互い踏んでしまうよねと、認識している関係でいられればいいのです。

人のことを気にしすぎては、いい関係は作れません。

Rule 42

人から嫌われることを恐れるより欠点はあってもいいからそれ以上に魅力のある自分になったほうがいい

今の若い世代は、自分のことしか考えないとされています。自己中心的で、自分勝手で、個人主義。どちらかといえば、団体行動とか集団活動が苦手で、うまくできないとも言われているようです。

だけど、僕はそんなことはないんじゃないかなと思います。

たしかにテレビにしても、家族みんなで同じ番組を観ていた時代から、子どもは自分の部屋で観る時代になりました。映画も、レンタル・ビデオがメインになって、ひとりで観ることが多くなりました。

そういった個人主義的な現象が、自己中心的なように見えるんじゃないかという気がします。

僕は人間の本質というのは、どんな時代でもそう変わらないと思うのです。人間はいつだって、自己中心的で、自分勝手で、個人主義です。

自分さえよければいいというのは人類の本能だから、これは昔だろうと今だろうと、延々《えんえん》変わっていないと思います。

だから、もしも周りから自己中心的だと言われて嫌われたとしても、あまり落ち込むことはありません。自己中心的という言葉がキーワードになっているこの時代、いじめの構造の中で、いじめの対象としての鬼《おに》にされただけ。

もともと人間は自己中心的な動物なのだから、それを気にしていたら動けなくなってしまいます。

それより、自己中心的な自分とどうつき合うかです。

人間は、みんな本能として自己中心的なところがあるわけですが、その自己中心的なところを見せないようにしている人もいます。あるいは、わがままな部分を抑制している人もいる。

ところが、本能を抑制せずに、やりたいように行動してしまうと、周りから批判される。ならば、自分の中の本能と、どうつき合うかが課題になってきます。

ひとつは、自己中心的ということで誰かから嫌われても、他の人に好かれればいいわけです。

例えば、何人かの友達から「わがままだ」と言われて嫌われたとします。それでも別の友達から、「わがままだけど行動力があっていいよね」と言われればいい。

人間は欠点を直して、好かれるのは難しいものです。だったら、欠点は欠点として、それ以上に魅力的な自分であればいい。

わがままだけれど、それを上回るいいところがあるというのが必要だと思います。

それから、自分は自己中心的と自覚しているとしたら、自分は他人の自己中心的なところをどこまで許せるかです。

僕なんかも自己中心的なほうで、自分を捨ててまでみんなを愛することなんてできない。だからこそ、自分も人が勝手なことをしたときに、どれだけ許容《きょよう》できるかということで、やり繰《く》りしているような気がします。

人間の性格は、変えられるものではないと思います。でも、行動を変えることで、いい関係やいい環境を作ることはできるのです。

Rule 43

今は嫌いだとしても大人になっていくと父親の立場がわかるようになるひとりの人間として父親と話をしてほしい

もしも今、自分の周りに不満がいっぱいあるとしたら、ちょっと見直してみてください。もしかしたら自分のいやなことを、周囲のせいにしていないだろうか。学校がイヤ、仕事がイヤ、あの人が嫌い、この人が悪いと、周りに不満をみんな押しつけていないだろうか。

もしそうだとしたら、周りのせいにしても、現実は何も変わらないのです。人にこうしてほしい、人にこうなってほしいと期待しても、人は変わってくれない。

何かを変えたいのなら、自分のほうが動くしかない。人に望むなら、まず自分の気持ちを変えていくしかないのです。

これは、いちばん身近な家族でも同じです。

例えば、若い女性だったら、父親が嫌いという人もいるのではないでしょうか。小さい頃はパパになついていたのに、思春期になって生理的にイヤになってきた。そのまま大学生や社会人になっても、口をきくのも、側に寄るのもイヤという人もいるでしょう。

父親の立場からすると、ほとんどの父親にとって娘ほど可愛いものはないと思います。そうすると、どうしても過保護になり、うるさくなる。帰りが遅くなれば、男性の目で見るから心配でしようがない。それがまた娘にとっては煙《けむ》たく、嫌悪感を感じるのではないかと思います。

しかし、これは自分が大人になってくると、父親をひとりの人間として見られるようになるもの。ひとりの人間として接することができるようになると、自然に優しくなれるものです。

社会に出れば、たいていの職場には年配の男性がいるはずです。仕事をするようになれば、上司や顧客や得意先など、父親くらいの男性と接するでしょう。

そのときに、お父さんも大変だったんだなとか、頑張ってきたんだなとか、客観的に見られるようになると思うのです。

すると、かりに父親を嫌いになったひとつのきっかけが、夜遅く帰って叱られたことだとしたら、そのときの父親の気持ちがわかるようになる。父親がしつこくうるさく言っていたのは、世間はこういうものだって言いたかったのかということにも気づく。あるいは、どうしてあんなに怒ったのか、あれはお父さんの愛情だったんだなとわかるわけです。

そのように、父親の立場が理解できるようになると、もはや嫌いという気持ちはだんだんなくなっていくのではないでしょうか。父親というより、ひとりの人間として話ができるようになる。親子というより、大人と大人のつき合いができるようになるでしょう。

あれがイヤ、これがイヤと不満を並べるのではなく、自分で状況を変えていく。それが人間の成長の証《あか》しです。周りが変わるのを期待するのではなく、変えていける自分になってください。

第4章

近道ばかりでなく遠回りする勇気がほしい

Rule 44

遠回りした分だけ思い出はたくさんできる
近道だけを選ぼうとしないで無駄と思えるような道を歩いてみてもいい

毎日がなんとなく過ぎていくと感じている人は、多いのではないでしょうか。面白いこともなく、特別なこともなく、変わりばえのしない日々が続いているなという気がすることもあるでしょう。

学校や仕事に行って、あっという間に週末がやってくる。週末になったら、友達とどこかへ出かけるか、家で暇をもて余している。そしてまた月曜になって、学校や仕事が始まる。

その繰り返しが、つまらないなと感じることもあるのではないかと思います。

しかし、これは考え方の問題です。

自分の生活が、無駄に過ぎているのかどうかは考え方しだい。人生には無駄がなければいけないというのは、僕の持論《じろん》のひとつ。人が生きていく上で、いかに無駄が大事かということです。

若い女性の多くは、高校を出て、専門学校や短大や大学に進学する。やがて就職して結婚する。

これが平均的な生き方だとしたら、そうした人生の時間の中で、無駄な時間がたくさんあったほうが楽しいと思います。

人生というのは、遠回りすればするほど思い出が増えるのです。例えば、大学に在学中、何年間か休学して旅行をした。あるいは、短大を出て、就職するまでの間、ぶらぶらしていた時期があった。

そうした不必要な時間があるほうが、充実した人生になるような気がします。もちろん、卒業、就職、結婚と、無駄なくきちんきちんと人生をこなしていくのもいいけれど、そのぶん思い出の数は少なくなるはずです。

だから、毎日の生活だって同じなんですね。

毎日がただ過ぎていくと思うなら、あえて無駄なことをしたほうがいい。学校や会社の帰りにどこかに寄ったり、出かけたり、友達と会ったりしてみる。学校や会社と自宅を往復するだけでなく、できるだけ寄り道をしてみる。効率のいい近道ばかりせず、遠回りをして無駄なことをしたほうが、その日その日に実感できることがいっぱいあると思います。

もちろん、若いうちは、学校や会社が終わったら、あちこちに寄って遊んでいるでしょう。だけど、それは無駄を楽しんでいるわけではないような気もします。たぶん、無駄な時間を作るというより、時間を浪費しているところもあるのではないでしょうか。

例《たと》えば、学校や仕事が終わっても、まっすぐ家に帰りたくないという女性がいます。夜、家でぽつんとしているのがイヤだから、友達を誘っておしゃべりしたり、食事に行ったり、いろいろな習い事をする。

ところが、いくら時間を埋《う》めても、埋まった時間が経過していくだけだから、どこかでつまらなさみたいなものを感じているのではないかと思います。おそらく、まっすぐ家に帰りたくない理由は、ひとり暮らしで淋しいとか、実家で親がうるさいから帰りたくないということなのでしょう。

しかし、ひとり暮らしにしても、実家でも、家には帰らなければいけない現実があるわけです。

だとしたら、変えられない現実は受け止めなければいけないけれど、自分で変えられる現実は変えていかなければいけない。そうすると、まっすぐ家に帰るのがつまらない現実は、変えられると思うんですね。

ひとり暮らしが淋しいなら、実家に帰ってもいい。実家がいやなら、友達か彼か、誰かといっしょに住んでもいい。または、あえてどこにも寄らずまっすぐ帰って、退屈に向き合ってみてもいい。

自分なりの勇気で、変えていく方法はいくらでもあるはずです。

家に帰ってのんびりするのも、どこかに寄るのもどちらも楽しい。その上で、まっすぐ帰らず遊びに行くならいい。そうでなく、まっすぐ家に帰りたくないがゆえに、寄り道してもつまらないはずです。

無駄な時間を過ごすのと、時間を浪費して過ごすのは違います。若いときこそ、無駄なことをもっと楽しんでほしいと思います。

Rule 45

いつも手際よく有効に時間を使うなんてできない怠けたりさぼったりいいかげんになるのも人間にとっては必要なこと

人はみんな、時間をうまく使いたいと思っています。その日を有効に、無駄なく過ごしたい。ぼんやりしたり、ダラダラしたり、時間を無駄にしてはいけないとどこかで思っているようです。

だけど、僕はこう考えます。

人間には、ぼんやりしたり、ダラダラしたりする余白こそが大事なんだと。いくら時間は大切といっても、目覚まし時計が鳴ったらパッと起きて、秒刻《きざ》みで行動するなんてできません。かりにそれができたとして、充実した生活になるかというとそうは思えません。

だから、無駄を大切にしなさいと言いたい。ぼんやりしたり、ダラダラすることに、罪の意識を感じるのはやめなさいと言いたいのです。

例えば、若い人たちは、自分の時間をどういうふうに使っているでしょうか。学校や会社が休みの日。掃除とか部屋の片づけなどを、休日にする人もいるでしょう。さらに夜はビデオでも借りてきて、ゆっくり観ようと計画することもあるでしょう。

ところが、掃除や片づけをしていたら、昔のアルバムが出てきて、ズルズル見てしまうなんてことがあります。または友達から電話がかかってきて、何時間も長電話をすることもある。気がついたら夕方になっていて、結局ほとんど片づいていない。掃除や片づけに夜までかかって、ビデオを観る時間はなくなってしまった、ということはよくあると思います。

しかし、そうやって休日を無駄にすることが、必ずしもいけないことではないわけです。予定していたことが、計画通りに運ばなくたって気にすることはない。

人間、予定を手際よくさっさとすませて、さらに余った時間をきっちり有効に使うなんてそうできるものじゃない。

すべてにおいて、効率のいい人生なんて送れないのです。

また、時間の使い方が下手だという人もいるのではないでしょうか。

自分はいつもダラダラしていて、勉強でも仕事でも家事にしても、なかなか片づかないと思っている。ああ、また時間を無駄にしちゃったと、後悔ばかりしている人もいるでしょう。

だけど、もっと楽天的になればいいと僕は思うんですね。

人間はそんな完璧なものではないということは、誰でもわかっているはず。

なのに、完璧は無理だとわかっていて、なぜ満点を目指すんだろうと思います。

自分は満点は取れないとしたら、七割、六割でいいじゃないか。六割できれば上等じゃないかと思っていればいいのです。

かりに、掃除や片づけをさっさとすませていたら、昔のアルバムを見て、いろいろ思い出すこともないわけです。友達から電話がかかってきて、今忙しいからと切ってしまったら、友達とおしゃべりして笑ったりすることもない。

時間を無駄にせず、完璧な行動をするということは、そうしたささいな出来事を切り捨てていくということです。

人はいい意味で、いいかげんであることも必要なのです。

Rule 46

時間に追われている人は人生を楽しめない 無駄な時間の中にこそ宝物は埋まっているのです

自分の時間をどう過ごすかは、すべて自分に委《ゆだ》ねられています。学校や仕事に行っている間、その時間は勉強や仕事に費《つい》やさなければならない。でも、それ以外はどう使おうと、自由に使えるのです。

だからこそ、自由な時間こそ、ぼんやりしたりゆったりと過ごして、できるだけ無駄なことをしたほうがいいと思います。

僕は思うのですが、お金と時間の価値は似ているのではないでしょうか。

例えば、お金が百万円たまるまで、いっさい無駄遣《づか》いはしないという価値観があります。いっぽうで、百万円が早くたまらなくてもいいから、遣いたいときに遣うという価値観もあります。

これはどちらがいい悪いは決められないけれど、どちらのほうが楽しいか楽しくないかというと、無駄遣いする価値観のほうが楽しいに決まっています。

たしかに、爪《つめ》に火を灯《とも》すようにして、百万円をためる意志は素晴らしいかもしれません。だけど、ときには無駄遣いして、読み捨てるとわかっていて、雑誌を買ってもいい。飽《あ》きて着なくなるとわかっていて、洋服を買ってもいい。

人生にはそういう無駄があったほうがいいのです。

だから、百万円をためるために無駄遣いをしないつもりでいたのに、たまたま無駄なものを買って、後からすごく後悔するなんていうのがいちばんつまらない。

同じように時間だって、完璧にきっちり使おうとして、それができずに悩むのはバカバカしい。

自分の時間くらい、無駄にしてもいいじゃないかと思っているほうがずっと楽しいのです。

そう思うと、お金にしても時間にしても、うまくきちんきちんと使おうとする人は、人生を楽しめないかもしれません。

なぜなら、お金も時間も、きちんと使えば結果は予測がつくから。そして、予測がつくことは面白くないからです。お金だって無駄遣いをしなければ、いつ百万円がたまるかは確実に計算できます。だけど、人生は解答がわかっていたらつまらない。

無駄があればあるほど予測はできないし、えてして無駄なことの中に宝物は埋まっているのです。

たとえば、桜が満開の季節。会社で仕事が終わらなくて、自宅に持ち帰ることになったとしましょう。

時間をきちんと使うなら、まっすぐ帰って仕事をすればいい。でも、夜桜が見たくなったら、手前の駅で降りて、公園でぼんやりしてもいいわけです。そこでさっさと帰って仕事をすませても、たかだか数時間の違いでしかない。

人生の時間の中で、数時間の無駄遣いなんてたいしたことはないのです。

むしろほんの数時間の無駄遣いを惜《お》しむより、桜をぼんやり眺めるほうが、人間にとって大切なことではないでしょうか。

時間をきちんと使っている人は、人生の中でほぼ予測したことが起こっているにすぎないのです。自分が予測できない無駄な時間の中にこそ、新しい発見があるかもしれません。ときには、あえてぼんやりしたりゆったりしたり、時間の無駄遣いをしてみてください。

Rule 47

ぼんやり過ごすのは実は勇気のいること
自分のやっていることが正しいと信じていなければゆったりした時間は過ごせない

若いうちは、なかなかひとりの時間をぼんやりしたり、ゆったりして過ごせないようです。それは休日や夜にひとりでいるのが、淋《さび》しいような気がするからではないでしょうか。だから無理にどこかに出かけて、時間を潰《つぶ》したりするのでしょう。

だけど、休日に家にいてぼんやりしているのが、なぜいけないのかと僕は思います。休日にずっと家にいると、ぼんやりしているうちに終わっちゃったなと虚《むな》しくなるのかもしれません。だけど、この考え方がいけない。ぼんやりして終わっていいと思うのです。

例えば、彼とは別れたばかり、どこにも出かける予定のない休日。お昼過ぎに起きてきて、パジャマのまま過ごして、あっという間に夜になってしまった。そうすると、なんてつまんない無駄な日だったんだろうと、つくづく情けなくなったり悲しくなったりするのかもしれません。

しかし、その無駄な日に、実はいろいろなことを考えるはずです。別れた彼のことかもしれないし、友達のことかもしれないし、仕事のことかもしれない。あるいは、無駄な過ごし方しちゃったなという反省が、明日からの行動力につながったりするわけです。

行動的であるとか、活動的であるというのは、必ずしもどこかに出かけることではないのです。かりに朝早く起きて、午前中は潮干狩《しおひが》りに行って、午後は遊園地に行って、夜は飲み会をやって、クタクタになって帰ってきても、楽しいかどうかはわかりません。家でぼんやりしていたくないからといって、無理やり予定を作るのが行動力ではありません。

ひとりでぼんやりしている勇気がないと、どうしても午前、午後と埋めたくなるのでしょう。

だからこそ、無駄なことをする勇気というものが、どれだけ大切かを学ばなければいけないと思います。勇気というのは、自分が今していることを、もっと信じる気持ちを持ちなさいということ。その勇気がなければ、ぼんやりしていて一日を無駄に過ごしてしまったとか、常に後悔することになってしまいます。

もっと大人になれば、無駄がいかに重要か気づくはずです。今、無駄だと思っても、振り返ったときにきっとわかります。

Rule 48

いつも予定を入れていないと不安になるのは自信がないから自分に自信があれば予定が入っていなくても充実した過ごし方ができる

人はよく好んで、時間がないという言葉をつかいます。時間に追われ、忙しいのがいいという観念があるのかもしれません。逆に暇で、時間をもて余しているのは、自慢できないようなところがあるわけです。

これはどうしてかと考えると、みんなどこかに忙しくしているのが充実しているというような意識があるのではないでしょうか。何もすることがない、行くところがないのは、淋しい気がする。予定があればあるほど、生活そのものに活気があるように感じるのでしょう。

こういう意識はどちらかといえば、若い女性に目立ちます。

いつも予定をいっぱい入れている人がよくいます。スケジュール帳を見ると、土日はほとんど埋まっている。友達と出かけたり、誰かの家に遊びに行ったり、食事に行ったり、映画を観たり、空いている日はほとんどないといった人がときどきいるわけです。

だけど、果たしてそれで楽しいんだろうかと、僕は思ったりします。

それだけ予定が入っていると、ひとつひとつが〝帯に短し襷《たすき》に長し〟になってしまう。つまり、そんなに自然にスケジュールが埋まることはないだろうし、無理に埋めているところもあると思います。すると、予定がつまっていればいるほど、ひとつひとつの満足が薄まるような気もします。

だから、予定を入れるという考えはやめたほうがいい。予定は入ってくるもので、無理に入れるものではないのです。

若い女性にわかってほしいのは、スケジュールが埋まっているから充実しているとは限らないということ。

例えば、休日に予定もないから、友達と会おうかなとか、誰かと映画でも観ようかなと思いながら、ぼんやりしているうちにその日が終わったとします。友達に会ってもいいし、誰かと映画を観てもいい。でも、結局は自分だけのために、その日を費やした。本当の充実とは、そういうものだと思います。

たぶん、予定を入れずにいられないのは、自分に自信がないのでしょう。自分に自信がないから、このスケジュールをこなしたという証《あか》しがほしいのではないかという気がします。自信があれば、どこにも出かけなくても、ひとりで家でゆっくり過ごしたことが、心に残るはずです。

だけど、自信がないと、誰々と会ったとか、誰々と食事をしたとか、スケジュール帳に書けるものがほしくなるのでしょう。

何かをこなしたという証しなどなくても、素敵な過ごし方はいくらでもできるのです。なのに、予定を作るのに必死になっていると、その予定をこなすことが目的になってしまう。そうやっていつもいつも時間を埋めていっても、気持ちも体もくたびれるだけだと思います。
時間に追われているのは、決して充実していることではありません。

Rule 49
充実した生活をするには活発に行動すればいいというわけではない行動する範囲を広げるよりもどう行動するかが問題

毎日を充実させたいと思わない人は、たぶんいません。楽しいことが何もない生活に、満足する人もいません。誰だって、今日は充実していたなと思いながら、日々を過ごしたいでしょう。

ならば、今日は充実していたと感じるのは、どんな日なのか。たぶん、若い女性にとっては、どこかに出かけて、いつもとは違うことをした日が、充実した日ということになるのではないでしょうか。

例えば、学校や仕事が終わってから、新しくできたレストランやブティックやデパートに行ってみた。あるいは、飲み会に誘われて、そこで友達の友達を何人か紹介してもらった。または、山や海や温泉などに、休日や連休を利用して出かけてみた。

つまり、いつもとは違う体験をしたときに、充実していたと感じるのでしょう。学校や仕事が終わってから、いつものように同じ友達と街をブラブラして、いつもと同じ店でお茶を飲んで、買い物をして、食事をしておしゃべりして帰ってきたのでは、充実していたとは感じない。

だから、新しい店ができたら飛んで行き、友達がたくさんいるところに顔を出し、なんらかの発見や出会いを求めているのでしょう。

しかし、知ってほしいのは、発見や出会いがあることによって、充実するわけではないということです。

若い人はよく、雑誌やテレビで紹介された店に行ったりします。合コンやパーティーに参加して、新しい人脈を作ることもあります。

もちろん、そうした行動を全面的に否定するわけではないけれど、いろいろな店を知っていて、知り合いがたくさんいればいいというものではありません。新しい店を開拓し、いつも友達と交流をしていれば、行動的な人間になれるわけではないと思います。そうやって精力的に活動したからといって、生活が充実できるものでもないと思うのです。

僕が仕事などでたくさんの人を見てきて、行動範囲の広い人や、交友範囲の広い人というのは、結果として広くなったような気がします。自分から行動や人脈を広げようとしたのではなく、自然とそうなった。

つまらない場所や店にも行ったり、退屈な人ともつき合ったり、無駄なこともまた楽しんできたから、充実した現在があるわけです。

それを、充実したいから、あちこちに出かけて人脈をつくろうというのは、結果を求めすぎているような感じがします。

たしかに、日々新たな発見や出会いがあれば、刺激的な毎日になるのかもしれません。けれども、発見や出会いは、意図《いと》して作るものではありません。日常の生活の中で、ふらりと店に入って発見だったということもあれば、失敗だったということもあるでしょう。たまたま出会った人と、いい友達になれることもあれば、仲違《なかたが》いをすることもあるでしょう。

だから、無駄な経験の中にこそ、発見や出会いがあるのです。そして、充実感や満足感は、その中から生まれてくるものです。

Rule 50

この近道は危ないと感じたら
その勘を大切にして
遠回りしたりする
勇気を持ってほしい

人生というのは、できるだけ遠回りしたほうがいい。遠回りして無駄なことをしたほうが、見えてくるものや、感じるものがいっぱいある。だからこそ、遠回りする勇気を持ってほしいのです。

僕はこれを人生の真理だと思っています。

人が生きていく中では、遠回りをしたり、たまには寄り道したり、ときには道に迷ったりもする。そういう無駄があるからこそ、人生は面白いし、人間は成長していくものなのです。

ところが、若い女性の中には、近道をしたがる人がいます。無駄を嫌って、合理的に最短の道を歩きたがる。てっとりばやく目的に到達しようとしたり、ほしいものを手に入れようとする人がいるわけです。

例えば、援助交際というのもそのひとつ。

遊ぶお金がほしいし、洋服も買いたい。今時みんなやっていることだし、まあいいかくらいの気持ちで、援助してくれる男性とつき合っているのでしょう。また、実際に交際はしていなくても、お金がほしいなと思ったときに、援助交際でもすれば楽に稼《かせ》げるのかなと、ふと頭をよぎったことのある人もいるのではないでしょうか。

僕はここで、そんなことをしてはいけないよと、お説教はしません。

ただし、遊ぶお金がほしいから援助交際をしようというのは、単純すぎるんじゃないかとは思います。お金を手に入れるために近道しようという発想が、あまりにも短絡《たんらく》だと思うのです。

だいいち、援助交際ということを考えたときに、まったくためらいのない人はいないはず。心の中にためらいがあるということは、これはよくないことだなという気持ちがどこかにあるはずです。自分はそういうことをするのはイヤだなと、本能が教えてくれているのです。

人間、この本能というのは非常に重要なものです。人間には、いやな予感がしたり、うまくいかない気がしたり、どこかためらったり、危険を察知する力が潜《ひそ》んでいます。そうすると、動物としての人間の防衛本能が、援助交際は危ないなと感じているわけです。だからこそ、若いときにはそういう勘を、もっと大切にしたほうがいいわけですね。

とはいえ、若かったら、遊ぶお金だってほしいし、洋服もほしいのは当然。

大人はそんなの我慢しなさいと言うけれど、ほしいものはほしいと思います。だったら、援助交際をせずに、お金を手に入れるにはどうすればいいか、そこで考えればいいのです。

もしも、絵が好きだったら、絵を描いてお金を儲《もう》けようと挑戦してみてもいい。援助交際をしないとしたら、何ができるかと探してみて、家庭教師ならできそうだとわかったら試《ため》してみればいい。

つまり、近道がいちばんいい道であるとは限らないわけだから、何通りもの道を考えてみる。それが、人間の進化であり、人生の学習でもあると思います。

近道よりも遠回りする。そのことの大事さを学んでください。

Rule 51

たとえ生きているのがイヤになっても命を絶つのは方法論のひとつでしかないたったひとつの方法論にこだわってはいけない

人間はみんな悩みながら生きています。毎日、何かしら悩んでいると言っても過言ではありません。恋愛のこと、仕事のこと、友達との関係など、誰だって悩みのひとつやふたつ、あるはずです。

そうした悩みのほとんどは、いつの間にか時間が解決してくれるものです。しかし、場合によっては悩みが大きくなり、どうしていいかわからなくなることもあります。

いったい自分はどう生きていけばいいか、見えなくなることもあります。そうなったら、生きているのがイヤになった、と思ってしまう人もいるかもしれません。

しかも、今は有名人や、青少年の自殺が相次《あいつ》いだりします。自分の命を絶《た》つ人々が、まるで連鎖《れんさ》反応《はんのう》のように続き、新聞紙上に載《の》ることもあります。そうすると、たまたまつらいことがあれば、自分も死んでしまおうかなという気になる人がいてもおかしくはありません。

たしかに、人は周りの状況に影響されやすいところがあるわけです。

例えば、友達が何人か結婚すれば、そろそろ自分も結婚しなくちゃと考えたりする。周囲で離婚が続けば、そうか離婚という道もあるなと思ったりする。それと同じように、自分がつらいときに自殺のニュースが続けば、自殺という方法もあるな、と思ってしまうのかもしれません。

だけど、自殺というのは方法論のひとつでしかないわけです。

だから、もしも自殺という方法もあるなと思ったとしたら、まず別の方法を考えなければいけない。何かつらいことがあって、どう生きていけばいいかわからない。そのときに、解決する方法を、百通り考えた。その中で、自殺しかないというならわかる。しかし、世相に影響されて、これだと決めるのはまだ早いよ、ということです。

それと、大事なことは、自殺するのは少数派だということ。

いくら現代は自殺する人が増えているといっても、全体からすれば間違いなく少ない。ほとんどの人が悩みながらも、自殺しないで生きています。人間は影響されやすいとしても、自殺は特殊な例でしかないわけだから、つらいときの解決の方法にはなりにくいと思います。

人間はみんな、自分で思うほど弱いものではありません。

どんなにつらくても死のうとまで思いつめる人はそんなにいないでしょう。ただ同時に、人間にはもろい部分があるのもたしかです。つらくてどうしようもないときに、自分も死んでもいいんだと思うようなきっかけがあれば、引きずられることがないとは言えないでしょう。

ですから、僕はここで、死ぬなとは言いません。けれども、もうちょっと様子を見なさいと言いたい。人生で楽しいこととつらいことは、たぶん半分ずつ。生きていればつらいことが続くかもしれないけれど、楽しいことだってまだまだ体験できるはずです。

よくある言葉ですが、つらいのは自分だけではないのです。人間はつらいことがあれば、死にたいと思うことだってある。でも、自分だけじゃないと思うと、生きていく勇気がわいてきます。

結局、人はみんなどう生きていけばいいかわからないからこそ、答えを見つけようとしています。ときには見えなくなることもあるけれど、じゃあ死ぬというのはそれこそ近道をしすぎます。遠回りしながら、ゆっくり見つけていけばいいじゃないかと思えばいいのです。

Rule 52

どんなに遠回りしても出会いはきっとある人生を歩いていくうちにどこかで相手が必ず現れるはず

人生が道だとしたら、その道はまっすぐとは限りません。分かれ道もあれば、行き止まりもあるでしょう。近道を通れることもあれば、ぐるっと回って遠回りをしなければならないこともあるでしょう。

だから、人は誰でも、進学や就職にしても、恋愛や結婚にしても悩むわけです。道が一本だったら、そのまま進めばいい。だけど、道が目の前で分かれていたり、曲がりくねっていて先がわからないから、途方に暮れることもあるのです。

例えば、若い女性なら、結婚という問題があります。

なかなかこの人と思える出会いがない。何人かの男性とつき合ったけれど、結婚までいかなかった。ずっと結婚しないで独身のまま年をとっていくんだろうかと、焦《あせ》っている人もいるでしょう。

だけど、そういう人は心配することはありません。

今はまだ出会いがなくても、相手が現れていないだけ。たぶん神様は不完全な男女を結びつけて、補《おぎな》い合うような組み合わせを作っているはず。この世のどこかに、必ずひとりは自分の相手がいるはずなのです。

ただし、その相手はいつどこで現れるかはわかりません。

人生という道を歩いていて、相手とすぐに出会う女性もいれば、遠回りしてから出会うこともある。すべての女性の相手が若いときに現れるわけではなく、ある人には中年になってから現れるかもしれないし、もしかしたら現れても見逃《みのが》してしまう人もいるかもしれない。

これればかりはわからないから、出会いがないまま年をとっていくと悩むより、まだ現れていないと思ったほうがいいのです。

それよりも誤《あやま》ってはいけないのは、焦《あせ》って結婚しようとすること。今は相手は、別の道を歩いているのかもしれません。または次の角を曲がったところで、相手が待っているかもしれません。なのに、神様が決めた人ではないのに、焦って結婚してもたぶんうまくいきません。

人生を歩くときには、急ぎすぎないほうがいいのです。

Rule 53

人生の鉄則のひとつは成功も失敗も続かないということたとえ失敗の連続だとしても諦めずに進んでほしい

とにかく遠回りをすることを恐れないでほしい。そして無駄なことをする勇気を持ってほしいのです。

人生はいつも近道ができるとは限らないし、むしろ遠回りをしなければならないことのほうが多いと思います。

だから、たとえ失敗してもいいし、挫折《ざせつ》したっていい。道が険《けわ》しいときに、近道はどこだろうと探すのではなく、迂回《うかい》して歩いていく道を選んだほうがいい。失敗や挫折を怖がらないで、ダメでもともと、と挑戦できるくらいのほうが、人生はずっと充実すると思います。

わかってほしいのは、成功も失敗もずっと続くなんてありえないということ。ダメでもともと、といろいろなことに挑戦していけば、たしかに成功する率は少なく、失敗の率のほうが高いのです。だけど、そこで挫《くじ》けていたら、ほしいものは手に入らないわけです。

成功も失敗も続かないとしたら、失敗ばかりしていたら、絶対にそのうち成功がやってきます。

人が若いときに間違いやすいのは、失敗したら近道をしようとすることです。無駄なことをしてしまったと思い、今度は効率よくやろうとする。だから、人は大人になるにつれ、予測できることしかしなくなるのです。

かりに失敗して遠回りしても、人生の時間からすればほんのわずか。無駄な時間があっても、取り返しはつきます。それよりも、遠回りして知ることや学ぶことのほうが、ずっと大事なことです。

第5章　人の目を気にするのはやめよう

Rule 54

人からこう見られたいと意識しすぎてはいけない 嫌われる勇気を持ってもっと楽になること

人からよく見られたい、そう思わない人は、おそらくいないのではないでしょうか。人間の本音《ほんね》として、いい人だと思われたい。自分は嫌われてもいいというほど、強い人間はあまりいないでしょう。

しかし、そうした気持ちが、人とうまくつき合えない原因になっているのもたしかです。とくに若い女性の中には、人からこう見られたいという意識がある。だから、人からこう見られたい自分と、自分はこうしたいという気持ちに、ギャップが生じているような気がするのです。

例えば、本当の自分を出せない、という女性がいます。

友達と話していても、本音でしゃべれない。雑談していても、恋愛の話をしていても、真剣な話をしていても、当たり障《さわ》りのないことしか言えない。こんなことを言ったらどう思われるか、嫌われるんじゃないかと気になって、本当に言いたいことが言えないというわけです。

だけど、何をもって本音かというと、人間はみんな本音のまま話している人はそんなにいません。誰だって、多少は格好もつけるし、嘘《うそ》だってつきます。だから、本音でしゃべれないのが問題ではなく、本音でしゃべらなければいけないと気にしていることが、むしろ問題なのです。

人はみんな、友達や他人と話すときは、見栄《みえ》もあれば、体裁《ていさい》もあります。そこで神経質になると、話が進まない。そんなやわな精神力で人とつき合っていたら、疲れてしまうがない。そのへんの意識が過剰《かじょう》というか、こう見られたい自分というものに敏感になりすぎているのです。

たしかに、若いときは誰でも、周りから見た自分が気になります。

優しい人に見られたい女性もいるかもしれないし、面白いと思われたい人もいるかもしれない。あるいは、純粋だと見られたい人もいるかもしれない。そうすると、人からこう見られたい自分というものがあるために、そういう自分を装《よそお》ってしまうこともあるでしょう。

けれども、そうやって装っていると、本当の自分じゃないような気がしてくるのはあたりまえです。実際、本当の自分じゃないから、くたびれるのも当然です。

最初に優しいふりをした人は、次も優しいふりをしなければならないし、面白いふりをしたらずっとひょうきんな自分でいなければならない。すると、本当の自分とどんどんずれて、どこまでいっても、本音で話せないということになると思います。

だから、もっと楽になりなさいと言いたいのです。

例《たと》えば、飛行機でたまたま隣り合わせた人と話しているだけなら、見栄を張ろうと、嘘をつこうとかまわないわけです。飛行機が目的地に到着すれば、そこで別れるわけだから、いくらでもいい人になればいい。

だけど、友達というのは、これからも継続して交際していくのだから、自分はこう見られたいと気にしすぎてはいけないのです。

誰かとずっとつき合っていくなら、等身大でいたほうが楽に決まっています。等身大でつき合って、嫌われたら嫌われたときのこと。嫌われる勇気がなければ、好かれる自分にもなれないのですから。

Rule 55

自分を知ってほしいなら
自分のことばかり話さず
聞き上手になろう
相手の話に意見を言うほうが
相手に自分をわかってもらえる

人は誰でも、自分をわかってもらいたいと思っています。自分という人間を、他人によく知ってほしいと思っている。とくに友達や恋人や、好きな人には、自分を理解してもらいたいわけです。

しかし残念ながら、自分のことを完全にわかってもらうなんてありえません。どんな人でも、本音でしゃべろうと、言葉を尽《つ》くそうと、自分を完璧にわかってもらえるということはないわけです。だから、友達でも恋人でも、自分をわかってほしいと思う人がいればこそ、まず自分を理解してもらおうと思うのをやめなければならないのです。

ところが、自分のことばかりしゃべる女性が多いのです。自分はどんなことが好きで、性格はこうで、趣味がこうでと、ひとりでしゃべっている。相手に自分というものを伝えようとして、ひたすら話し続ける人がいるわけです。だけど、言葉というのは難しいもので、いくら話しても全部をわかってもらうのは無理です。それなら、初めから自分のことは理解してもらえなくてもいい、くらいに思っていたほうがいい。半分も理解してもらえたら嬉しいけれど、くらいのスタンスでいたほうがいいのです。

そして、もしもこの人とはいい関係でいたいという相手なら、自分のことばかり話すのではなく、相手のことを聞くべきです。

中学や高校のときの、授業を思い出してください。先生がずっと、ひとりで試験に出るところを話していても、ただ聞くだけでは退屈していたでしょう。それよりも、ときどき生徒に質問して、話に巻き込んでいく授業のほうが面白かったのではないでしょうか。

授業と同じように、相手にしてみれば自分のことばかり話されても楽しいはずはない。それならば、自分だけがしゃべるのではなく、相手にも聞いてみる。というのは、相手がどう言うか聞いていく中に、むしろ自分をわかってもらえる言葉が出てくるからです。

つまり、相手の話を聞いているときに、自分はこう思うと言うほうが、実は自分という人間をわかってもらえるのです。いくら自分はこういう人で、こういうところで生まれて育ってとしゃべっても、それは自分が描く自分でしかない。それよりも、相手の話に意見を言うほうが、相手にとっては理解するいちばんの手がかりになるわけです。

例えば、「タレントの誰々の結婚をどう思う?」なんて話でもいい。相手が「自分はこう思う」と言ったことに、「自分はそうじゃないと思う」と返していくほうが、お互い理解できます。それを自分だけが「あの結婚はああでこうで」としゃべっても、相手を退屈させるだけです。

人間は誰でも、相手のすべてをわかるなんてありえないのです。だからこそ、理解できないと踏まえたうえで、お互いが話していく。そこから少しずつ、相手のことが見えてくるものです。

Rule 56

人はみんな自己中心であり
もともと他人には興味がない
人から評価されたかったら
どうしたら評価されるか
戦略を立てなければいけない

自分という人間は、自分からしか見ることができません。つまり、自分はこういう人間だと思っていても、他人はそう思っているとは限らない。だから、そこに悩みや不満が出てくるわけです。

例えば、自分の評価というものがあります。

自分では仕事をしっかりやっているつもりでいる。ところが、上司からちゃんと評価されていない気がする。自分では頑張《がんば》っているつもりなのに、人はそう見てくれないということがあるわけです。

だけど、頑張っているつもりといっても、それは自分が見た評価です。他人が見れば、頑張っているように映っているかどうかはわからない。まず、その点に気づかなければいけないのです。

よくありがちなのは、誰も私のことをわかってくれないという路線なんですね。

私はこうなのに、誰もわかってくれない。私はこんなに頑張っているのに、誰も認めてくれない。自分のことをみんな理解してくれないというわけですが、その通り誰も他人のことは、初めからわかろうとしていないのです。

人間というのは、もともと他人には興味がないものです。人間はみんな基本的には、自分が中心なのです。自分はいい仕事ができるか、自分は恋がうまくいくか、自分はおいしいものが食べられるか、自分はお金がたくさん儲《もう》かるか、自分のことしか考えないのが人間というものです。

そこで、たとえ上司という立場であろうと、彼女は頑張っているから、いい評価をしてやろうなんて考えない。もちろん人事査定を仕事としてしなければならないこともあるかもしれないけれど、そうでなければ他人の頑張りぶりなんて気がつかない。自分のことで精いっぱいで、他人がどうしようと興味がない。それが人間の本質なのです。

だから、もしも頑張っているのを評価されたかったら、まずどうして評価されていないのか考えなくてはいけないわけですね。

そして、評価されていない部分がわかったら、どう変えていけばいいのか考えてみる。さらに、頑張りが見えるように、いろいろ工夫してみる。いくら自分では頑張っているつもりでも、相手はもともと興味がないのだから、戦略的に行動していかなければならないのです。

人はみんな自分が中心だとしたら、自分のことはよく評価しがちです。だけど、それは自分の主観でしかないのです。他人から評価されたかったら、ものごとを全体的に眺《なが》めて、客観的に見ることです。

Rule 57

話の合わない相手と会話をしようとしなくてもいい
自分で気にしすぎるから
かえって会話が続かなくなる

人間と人間がわかり合うのは、なかなか難しいものです。どんな関係であろうと、心の奥は見えません。わかり合いたかったら、お互いが理解する努力をしなければいけないわけです。

とはいえ、どんなに努力しても、わかり合えない関係だってあります。学校や会社などでも、気の合う人もいれば、合わない人だっている。どんなに近づいても、距離が縮まらない人もいる。会話をしていても、話が通じない、よくわからないと感じる人もいるわけです。

だったら、僕はわかろうとする必要はないと思います。

例えば、同級生でも先輩でも、どうしても会話が続かない人がいる。どちらかといえば苦手な人で、話をしようと思うけれどうまくできない。ならば、最初から会話をしようと思わなくてもいいわけです。

僕にも経験がありますが、この人とはいったい何を話題にしていいかわからないということがあります。そういうときに、間《ま》を埋《う》めようとして、つまらない会話をするからよけい続かなくなる。

会話をつなげようとして「今日は暑いね」なんて言うから、「そうだね」で途切れてしまう。会話が弾《はず》む相手なら、自然とつながっていくのに、間をもたせるためだけの話をするから、次の言葉が出てこないのです。もしもその場でどうしても話をしなければならないとしたら、相手がつなげやすい言葉を探すしかありません。

例えば、テニスの上手な人が、相手に打ち返しやすい球を打ってあげるように。相手がスポーツが好きなら、サッカーや野球の話をする。この話題なら話すであろう、その人が返せる球を打てばいいわけです。

だけど、話す必要がなければ、無理に話さなくてもかまいません。話のしやすい相手だって、完全にはわかり合えないのです。会話が成立しないからといって、気にすることはありません。

Rule 58

自分の役割を知ること
もしも叱られ役で損ばかりしていると思っても
それは自分に与えられた役

人はみんな、自分のいる環境の中で、自分なりの役割があります。学校でも職場でも、冷静な人とか、真面目な人とか、面白い人とか、それぞれ役割があって、自分で演じているようなところがあるわけです。

その演じている役割というのは、ほとんどの人間がこうありたい自分というものを演じています。つまり、さわやかなタイプでありたい人は、さわやかな人間を装《よそお》い、おちゃらけたタイプでいたい人は、おちゃらけた人間を演じる。

それぞれ自分はこういう人間ですよと訴えたいものがあって、それが人間関係の中で自分の役割になっているわけです。

ただし、役割の中には、損な役割もあります。

いじめられ役とか、頼まれ役とか、憎まれ役とか、自分ではこんな役割はイヤだという役もある。自分という人間は、本当はこんなタイプじゃないと思っている人もいるわけですね。

しかし、どうでしょうか。僕が見ていると、そういう人は損な役割をイヤがっていても、自分ではこうありたいと思っているんじゃないかという気がします。意識のどこかで、損な役をやろうとしているのではないかと思うのです。

例えば、学校や職場には、必ず叱られ役の人がいます。

僕の仕事のスタッフの中にも、ここでスタッフ全員にちゃんと言っておかなければいけないというときに、いかにも叱ってくださいというタイプの男がいるわけです。

それは、説教する側から見ると、なんとなく呼び込んでいるような感じがある。それで、実際には彼だけが悪いわけではないのに、名指しされてひとりで叱られたりするのです。

おそらく、叱られ役の人間は、自分では叱られるのはイヤなくせに、叱られたいという気持ちもどこかにあるのではないでしょうか。

叱られている間は、少なくとも自分が注目されています。人によっては、自分はここにいる、という心の叫びもあるように思います。

だから、叱られ役で、いつも損していると思っているとしたら、損だなんて思わなくてもいいじゃないか、ということです。

うちのスタッフにしても、彼はなぜ叱られるかというと、真面目すぎて融通《ゆうずう》がきかないのです。さぼったり手抜きをする男ではないから、怠《なま》けて失敗するわけじゃない。

叱られる理由はいつも、なんでもっと器用にできないんだということで怒られる。また叱るほうも、こいつはダメだと思ったら、初めから放っておくし、見込みのある人間だから叱っているわけです。

彼を見ていると、自分ばかり叱られてイヤだイヤだと言いながら、役割を演じているような気もします。

というのは、やはり彼は叱られ上手で、叱られ方がうまい。

例えば、若い新人がミスしたときに、いきなり叱ると萎縮《いしゅく》してしまいます。そのとき、彼をかわりに叱れば、柔道のように受け身ができているから、こちらの言いたいことをちゃんと受けてくれる。で、新人は側で聞いていて、反省するという図式になるわけですね。

すべての人には役割があり、みんな自分の役割を演じています。得な役回りもあれば、損な役回りもあるかもしれません。しかし、それは潜在意識の中で、自分がこうありたいという願望の現れでもあります。

どんな役であれ、必要のない役割はないはずです。自分の役割がイヤだとしても、それが自分に与えられた役なのです。

Rule 59

失敗したときには自分をかばうよりもただ謝ったほうがいいいくら言い訳をしても自分を守ることにはならない

どういう環境にいても、あるがままの自分でいることは、とても大切なことだと思います。他人から自分はどう見えるだろうかと、気にしすぎてはいけない。また本当の自分はこうだとか、他人は自分のことをわかっていないとか、あまり考えすぎるのもよくない。

そのままの自分を出していくほうが、楽に生きられます。

結局、自分についての悩みというのは、ありのままの自分をわかっていないというところに集約されます。自分がわからないから、周りが気になる。周りの目を気にして、どう思われているかと悩むわけです。

だから、僕はとりあえず、周りを気にするのはやめなさいと言いたい。他人から自分はどう見られているかはどうでもいい。どう見られようと、他人は他人の思いで見ているわけだから、自分はこうしたいということを、もっと大事にしたほうがいいのです。

そういう意識がないと、いつも自分というものを取り繕《つくろ》うようになってしまいます。こう見られたい自分や、こうありたい自分を守ろうとして、守ることが目的になってしまいます。

例えば、典型的なのが言い訳をすること。

仕事でも何でも、誰だって失敗することがあります。失敗は誰にでもあることだからいいけれど、そこで説明しようとする人がいるわけです。

だけど、上司なり先輩なり周りの人からすれば、失敗したという事実しかない。その人がなぜミスしたのかというのは、聞きたいことではない。どう言い訳しようと、ミスはミスでしかない。

つまり、どんな説明をしようと、ミスをしましたという弁解でしかないわけですね。

ならば、上司や先輩にしてみたら、まず謝れば感情はおさまります。そして、弁解するよりは、ミスを繰り返さないために、次はこうしますと言ってもらったほうがいい。または、今はこういう状況だから、こういう手立てをしましょうと提案してくれたほうがいい。

ようするに、聞くほうも、ミスをして反省しているのはわかるわけだから、それ以上にどうしてそうなったか、いまさら聞いても意味がないのです。

人はなぜ失敗したときに弁解したがるのかというと、ようは自分をかばおうとしているのです。仕事のできる自分だったり、責任感のある自分だったり、信頼される自分だったり、人からこう見られたい自分をかばう。こうありたい自分を守ろうとしているわけです。

しかし、ミスしたということは、ミスした時点でこうありたい自分ではなくなっています。周りの人にとっては、その瞬間は失敗した人でしかない。そこで、人の目を気にするのは無意味なこと。

周りを気にしない自分でいるのは、もっとも大切なことです。

Rule 60

人から批判されても自分のスタイルを通せばいいただしなぜ批判されるのか考えることも忘れずに

自分らしさがわからない、自分のしたいことがわからない。こういう人がときどきいますが、とにかく周りの目は気にしないこと。人の目や、周りがどう思うかは気にしないことです。

とはいえ、周りの目を気にしないようにしていても、どうしても気になる場合もあります。人は噂もすれば、悪口も言います。周りから批判されたり、非難されることもあります。

そうなると、言われる側になれば、気にするなと言っても、やはり気になるでしょう。

例えば、学校や職場で、周りが自分の悪口を言っている。友達や同僚から陰でいろいろ言われ、白い目で見られている。若い女性にありがちなのは、同性の悪口として、可愛い子ぶってるとか、ぶりっ子とか言われることがあるわけですね。

こういう自分への悪口というのは、たしかに気になるかもしれないけれど、だからといって自分らしさを変えることはないと思います。

自分がどういう生き方をしようが、人になんだかんだ言われる筋合いではない。人生がマラソンだとしたら、自分にとっていちばん楽なフォームで走ったほうが長く走れます。

可愛い子ぶってようが、ぶりっ子だろうが、それが自分のスタイルだったら貫《つらぬ》けばいいのです。

ただし、なぜそう言われるのか、考えてみることは必要です。

悪口を言われるということは、言われる何かがあるのかもしれない。その部分は見直してみなければいけません。自分の中のどこが批判されるのか、どこが非難されているのか、考えるべきだと思います。

かりに、ぶりっ子だとしたら、そのこと自体で他人はああだこうだと言わないはずです。

ぶりっ子でも周囲を不快にさせることもあれば、あの子はしようがないなと笑ってすませられることもある。だから、悪口の本質というのは、たぶん違うところにあるような気がします。

だとしたら、やはり行動に原因があるのではないかと思うんですね。

例えば、会社に来客があったとき、馴々《なれなれ》しく話をしたのかもしれない。仕事の電話なのに、子どもっぽいしゃべり方をしたのかもしれない。あるいは、みんなでエッチな話をしたときに、カマトトぶっていることで、ぶりっ子という評価をもらったのかもしれません。

それなら、自分がそういう態度をとったことで、周りからそのように見られることを知りなさい、ということです。つまり、ぶりっ子の態度がいけないというより、自分がぶりっ子に見られていることをわかっていないのが、いちばんの問題じゃないかと思います。

ようするに、自分への批判とか、非難とか、悪口というのは教科書になるわけですね。自分がぶりっ子と言われているのが耳に入ったら、なるほどそう見られているのかと勉強すればいい。ぶりっ子と言われて、くよくよ気にしたり悩んだりするのではなく、自分ではわからなかったけれど、他人にはそう見えるのかと学べばいいわけです。

周りの目を気にするのと、周りの目を受け止めるのは別です。受け止めて自分はどうするべきか、考えればいいのです。

Rule 61

どう思われるか気にして意見が言えないのは自分の色がないということ個性のない人間になってしまう

人間はみんな、ひとりとして同じ人間はいません。ひとりひとりに、それぞれの性格があり、それぞれの意見があります。同じものを見ても、みんな異《こと》なることを感じ、違うことを思うわけです。

だから、この世にたったひとりしかいない自分を大切にするべきなんですね。人はどう思うかとか、人はどう見るかは関係ない。自分はこう思う、自分はこう見るという、その気持ちを大事にしたほうがいいのです。

例えば、「何でもいい」という言葉があります。

友達や彼から「どうする？」とか「何がいい？」とか「どれにする？」と聞かれて、「何でもいい」と言ってしまうことがある。

いつでも自分はこうしたいと言わずに、「何でもいい、あなたが決めて」と任《まか》せる人がときどきいるわけです。

これは、なぜ自分の意見を言わないかというと、やはり自分がこんなふうに思われたくないという意識があるからでしょう。

食事をするにしても、「何を食べたい？」と聞かれて、「何でもいい」と答える女性がいます。なぜなら、本音では焼き肉が食べたくても、女の子なのに焼き肉なんて言ったらおかしいかなと思っている。あるいは、本当はフランス料理が食べたくても、そんな高いものを選ぶなんて、なんてやつだと見られちゃうかなと思っている。

たかだか食事を選ぶのさえ、こんなことを言ったらどう思われるかと気にしているわけです。

だけど、自分の意見を言わなければ、自分の個性はいつまでたっても出てきません。友達だって恋人だって、その人がどういう人なのかわからない。結局、面白くない人だということになりかねません。

人間はもともと、自分の色を持っています。

赤い色の人もいれば、黄色の人もいれば、青の人も、緑の人もいます。自分の意見がないということは、相手に合わせて、赤になったり、黄色になったり、青になったりするようなもの。

じゃあ、あなたは何色なの？　と聞かれたときに、その人の色が見えないわけです。

人間はだいたい自分にない色を、相手に求めるものです。友達でも恋人でも、自分は青だとしたら、赤い人と話をしてみたい。そのときに、赤にも黄色にも青にも合わせる人は、全部が混ざった色をしている。

そうすると、どういう人なのか見えないし、興味や関心を持ちようがないのです。

だから、食事にしたって、焼き肉がいいというのも個性です。値段なんか無視して、フレンチが食べたいというのも個性です。自分の意見を言うことが、すなわち自分の個性を出すことなのです。

人間はその人の色が見えるからこそ、友達や恋人になるもの。その人がどう思い、どう考える人なのかよくわからなければ、判断のしようがない。

自分の色のない人は、誰からも愛されません。

Rule 62

恋愛の基本というのは自分の気持ちだけ相手の出方ひとつでいつも不安になっていたら関係は長続きしない

自分をもっと出したい。言いたいことを言えるようになりたい。そうは思っていても、できないとしたら、いちばん大きいのは嫌われたくないという気持ちがあるからではないでしょうか。

とくに、恋愛をしていると自分を出せないということがあるようです。こんなことをしたら嫌われるかもしれない、こんなことを言ったらどう思われるだろうと、いつも不安でいる。

相手の出方ひとつに、怯《おび》えているようなところもあると思います。

例えば、ちょっと機嫌が悪そうにしていただけで、嫌われたんじゃないかと心配する。約束に遅れてきただけで、冷《さ》めたんじゃないかと思ってしまう。

たしかに、相手を好きであればあるほど、相手のすることなすこと気になるのはわからないではありません。だけど、相手の態度を気にしだしたら、これは際限がなくなってしまいます。

恋愛の基本は、自分の気持ちだけです。相手の出方はどうでもいい。自分は好きなんだから、相手はどう思おうとかまわない。それくらいの強さがなければ、恋愛は長続きしないものです。

むしろ機嫌が悪そうだったり、約束に遅れてきても、そんなこと別にたいしたことはないと構えているほうがいい。そのほうが男性だって、安心感や安らぎを感じるはずです。

男性にしてみれば、彼女にいつも不安がられているとホッとできないし、それではお互い疲れてしまいます。

例えば、真っ白な靴を買っておろして、汚しちゃいけないと不安になっていても、いつかは汚れるもの。でも、汚れたからもう履《は》かないというのではなく、汚れても愛着のある靴だったり、くたびれてきても自分が長く履きたいと思う靴だったらいいわけですね。

恋愛も同じように、ささいなことで不安になっていても、いつかはけんかもするだろうし揉《も》めることもある。つき合っていく間には、気持ちのすれ違いだってあるし、冷めることだってある。

だとしたら、機嫌が悪かろうが、約束に遅れようが、自分が好きでいればいいのです。

だいいち、人の気持ちというのは、どうにもならないものです。

つまり、人の気持ちはどうにもできないから、嫌われるときは嫌われるし、逃げられるときは逃げられる。だから、自分がいくら不安になろうと、どうすることもできないし、何の手立てもないのです。だったら、相手の出方がどうだろうと、自分の気持ちを信じていればいい。

恋愛というのは、まず自分ありきなのです。

Rule 63

尽くせば尽くすほど相手が引いていくとしたらそれを望んでいないということ恋愛に代償は求めない

人の気持ちはどうにもならないし、また人の気持ちはわからないもの。相手の気持ちをつなぎ止めようとしてもできないし、相手が自分のことをどう思っているかも実はわかっていないのです。

だからこそ、恋愛をしているときは、相手をコントロールすることはできないと知っておいたほうがいい。

相手をコントロールできないということは、つまりは、相手の気持ちをコントロールできないということだから、本来は相手にこうしてほしいと望むこともできないのです。

ところが恋愛をすると、相手にいろいろなことを望みすぎるきらいがあります。自分がこうしたんだから、相手にもこうしてほしい。自分はこんなに愛して尽《つ》くしているんだから、あなたももっと愛してほしい、もっと幸せにしてほしいと、代償を求めたがるのです。

例えば、彼のためにお料理や掃除をしてあげる女性がいます。なのに、尽くせば尽くすほど、相手は引いていく。自分が足を踏み出すほど、相手は後ろに退いていく、ということがあるわけですね。

これは、自分がこんなに尽くせば、相手もそのぶん喜ぶはずだと思っているところに、間違いがあるのです。

相手の気持ちなんて、そんなに都合《つごう》よく操作できるものではありません。もっと言えば、相手はただ面倒くさいだけなのか、それとも結婚を迫られているようで逃げたがっているのか、本音のところは聞いてみないことにはわかりません。

だから、恋愛に代償を求めてはいけないのです。

相手にこう思われたいから、自分はこれだけのことをする。だけど、自分がしてあげたことで、相手が喜ぶとは限らない。喜んでくれなくてもいい、自分はこうしたいという気持ちがなくてはいけないのです。

Rule 64

いくら相手を独占しようとしても人の心を塗り込めることはできないそれなら自由にしてあげて嫉妬にとらわれない自分でいるほうがずっといい

恋愛をしているときは、どうしても自分の気持ちより、相手の気持ちばかり気になってしまいます。相手が中心になっていて、行動ひとつ言葉ひとつに振り回されることもしばしばあります。

なかでも、そうした状態になりやすいのが嫉妬《しっと》をしているとき。他の女性と話をしただけでも気になる、お茶を飲んだりしたら何かあるのかもしれないと疑う。そういう女性がいますが、もはや自分は彼を好きかどうかより、相手のことしか見えなくなっているわけです。

だけど、本当に浮気をしたならともかく、話をするくらいで気にしても、まったく意味がないと思います。

かりに、話をした女性と浮気をしているなら、じゃあ別れるのかというと別れたくはないはずです。自分は好きだし、別れたくない。その前提があるのなら、彼のことを信用するしかない。

嫉妬にかられて、絶対に他の女性と話はするなと言ったところで、そんなことはできないのです。

いくら独占したくても、人の心を塗り込めることはできません。

当然、男性だって、学校にも通うだろうし、会社にも行くでしょう。そこで無菌状態のように、他の誰も近づけまいと檻《おり》に囲《かこ》っておくことはできないわけです。

だとしたら、他の人と話をしただけでやきもきしても、もっといい人が出てきたら、そちらへ行ってしまうときは行ってしまうのです。

だったら、免疫《めんえき》をつけるように、自由にしてあげたほうがいい。自分以外の女性と話をしようが、お茶を飲もうが、いい人がいるならそちらへ行きなさいというスタンスでいたほうがいい。

ある種の放し飼いのようにしておいたほうが、お互いに楽だと思います。いつだって日がな一日気にして、相手が世界のすべてになってはいけない。

恋愛というのは、自分がすべてでいいのです。

Rule 65

周りのみんなが自分の好きな人をけなしても自分が好きならそれでいい
周りの目を気にして恋愛をしてはいけない

人のことを気にして、自分をなくしてしまうほど、つまらないことはありません。人はどう思うか、人はどう見るか気にして、自分のしたいことができなくなってはいけない。人のために生きているのではないのだから、自分はこう思うということを、いつも大切にするべきです。

例えば、恋愛だって自分が好きならそれでいい。

たとえ、周りの全員から「つまらない男」とけなされても、周囲のみんなから「たいした男じゃない」と言われてもかまわない。

自分がその人を好きかどうか。それだけわかっていればいいのです。

恋愛がうまくいかないと、自分の男性を見る目がないのかと思うことがあるようです。それは周りの人間から、「あの男はよくないと思っていた」というようなことを言われるのもあるでしょう。

だけど、何をもって、男性を見る目がないかというと、ようするに人間はみんなそれぞれ自分の目を持っているということなんですね。

だから、ある女性にとってはこの男はよくないと思っていても、ある女性にとっては最高であればいい。もしも、友達の全部が「あなた男の趣味が悪いわね」と言っても、自分の目が選んだなら、自分の目を信じたほうがいい。

むしろ、他の友達は、男性を見る目が共通しすぎていて、自分の目を見失っているとも言えるわけです。

恋愛で大事なことは、世界でたったひとり、自分だけが愛している人がいて、自分だけを愛してくれる人がいること。

周りのみんながけなすような相手を好きであればこそ、その気持ちに自信を持ったほうがいいのです。

Rule 66

人を好きになるのは相手のことをもっと知りたいと思うから自分を飾るのもよくないけれど急いで見せすぎてもいけない

恋愛のいちばん難しいところは、ありのままの自分でいることです。

人を好きになるということは、相手のことを知りたいから好きになる。だから、お互いがありのままの自分でいたほうがいいけれど、このありのままというのが問題だったりします。

例えば、若い女性に多いのに、自分を出せないということがあります。好きな人といると、どこかで格好をつけたり飾ってしまう。それでは、いつまでも相手に自分をわかってもらえないわけです。

とはいえ、じゃあこれが私ですとありのままを見せすぎても、相手に飽《あ》きられてしまいます。ようするに、もっと知りたい、もっと会いたいという欲求が満たされれば、知りたいことがなくなる。

私という人間をわかってくださいと、すべてを見せられれば好きでいる必要がなくなってしまう。そこに自分をどう見せるかという難しさがあるわけですね。

だから、恋愛はどちらにしても、作為《さくい》があってはだめなのです。

こうしたら相手に好かれるんじゃないかと、自分を装ってはいけない。反対にありのままでいようと、無理にすべてを出してもいけない。

もちろん、飾らずありのままでいること自体はいいけれど、そこに作為がありすぎると相手だってつらくなる。

相手にしたら、そこまで知りたくないよというところまで、知らせてもらっても息苦しくなってしまいます。

やはり、恋愛の原則は、自分を少しずつ知ってもらうしかありません。意図《いと》して自分をこう見せようとしても、うまくいかないはず。ここにいる自分を相手はどう思うか、それを自分が意図して動かすことはできません。

恋をしているなら、無理をせず自然にしていることです。

Rule 67

身近な家族にはわがままでもいいだけど自分の欠点も他人に見せる勇気を持ってほしい

この世にたくさんの人間がいて、それぞれいいところもあれば、悪いところもあります。長所しかない人間もいなければ、欠点だらけの人間もいない。人はみんな同じで、大差はないのです。

なのに、ほとんどの人はどうしても、自分のいいところばかり見せようとします。家族やごく身近な人にはさらけ出していても、世間ではいい人でいたい。家で親や兄弟、姉妹にはわがままな態度をとっていても、学校や会社で他人には優しかったりするわけです。

こうした傾向は、多かれ少なかれ、どんな人にもあるのではないでしょうか。

もちろん、人間はどこでもいい人でいたら疲れてしまいます。外でいい人でいたら、家では息抜きがしたい。それは精神のバランスをとっているわけだから、家族や身近な人といるときはわがままでいいと思います。

ただし、覚えておかなければいけないのは、世間でいい人でいても、世間の人々はいい人の部分しか愛してくれていないということです。

つまり、人間はいやな部分をも含めて、その人の存在があるわけです。ところが、世間でいい人でいると、世間の人々にはいいところしか見せていない。世間の人々は、その人のすべてを愛しているわけではないのです。

それでは、どうしてみんな世間ではいい人でいたいかというと、ようするに嫌われる勇気がないわけですね。

だけど、嫌われる勇気がなければ、愛されることもないのです。人から嫌われるということは、その人のいやなところが嫌われていることが多いと思います。またいっぽうで、いやなところがあって誰かから嫌われれば、その反対にいいところを好きになってくれる人もいます。

それを、いやなところを隠して、いいところだけ見せると、のっぺらぼうの人間にしか見えません。世間のみんなに嫌われないようにすると、嫌われないかもしれないけれど、いいところしか愛してはくれない。

どこか物足りない愛され方しかできないということです。

家族にはわがまま放題をして、それでもなお愛してくれるのは、いやなところも含めて愛してくれているからです。「できの悪い子ほど可愛い」という言葉があるように、すべてを受け入れてくれています。それと同じように、他人からもいやなところも含めて好かれるようになったほうがいいでしょう。

嫌われる勇気を持つのは大切なことです。嫌われまいとしていい人でいても、他人は自分のすべてを愛してはくれないのです。

Rule 68

親の前では親が望むような子どもでいるほうがいい
親には産んでよかったと思わせてあげるのも
人間としての責任のひとつ

人を気にしたり、人に合わせたりしてはいけない。人から好かれようとしたり、人に嫌われまいとしてはいけない。これは自分が自分らしくいるための、大前提と言ってもいいでしょう。

ただし、これがすべての状況に当てはまるかというと、そうではないと思います。時と場合によっては、本音を出してはいけないこともある。演じたり、装ったりする必要があることもあります。

例えば、親子関係もそのひとつではないでしょうか。

とはいっても、もちろん親子の関係でわがままも言わず、よそよそしくするという意味ではありません。

そうではなく、ある程度の年齢になったら、親にありのままのすべてを見せるんだというのは、違うんじゃないかという気がします。

つまり、小学生ならいざしらず、高校生、大学生にもなったら、いい子を演じることもしなくてはいけないと思うのです。

高校生、大学生くらいになると、親に反抗したくなることもあります。友達や彼と外泊することもあれば、お酒を飲んだり、煙草《たばこ》を吸ったりすることもある。それが親にわかったら怒られるだろうし、反発して乱暴な口をきくことだってあるわけですね。

だけど、あえてそこで親に、うるさいだの罵《ば》倒《とう》する必要はないんじゃないかと思います。または、彼の部屋に泊まったときに、ばれるような嘘はつかないほうがいい。

そこには何をしても、親は絶対に自分を許してくれるという、甘えがあるように感じます。

僕は思いますが、産《う》んでよかったと思わせてあげるのが、たぶん子どもの親への義務なんですね。それは、自分らしくいるという以前の、超越した決まりごとではないかという気がします。

だから、僕はすべての子どもは、親の前では、いい子のふりをしていたほうがいいと思う。

友達や彼とどこで何をしようと、親に見せることはない。それは、自分の人生で、自分が責任を負えばいいことなのですから。

Rule 69

人間関係のいざこざには誰もが巻き込まれたくないでも、自分だったら何ができるかを考えてみよう

人はみんな、この世でいちばん大事なものは自分ではないでしょうか。他の誰でもない、自分がいちばん大切だし、自分がいちばん可愛い。これは心の奥で、誰しもそう思っているでしょう。

だから、そういう人間の本能を忘れてはいけないと思います。

この社会にこれだけの人々がいれば、人間同士ぶつかることもあります。学校でも会社でも、いじめだってあります。

そういう人間関係のいざこざの中で、自分はどうするべきか悩むわけですが、ずるいところも卑怯《ひきょう》なところもあるのが人間なんですね。

例えば、学校や会社で誰かがいじめられているとします。

そのとき、人はみんな助けてあげたいという気持ちと、巻き込まれたくないという気持ちで、揺《ゆ》れ動くでしょう。そして、自分に矛先《ほこさき》が向けられるのがイヤで、見て見ぬふりをすることもよくあるでしょう。

僕はこれは、見て見ぬふりをするのが人間らしいなと思います。

なぜなら、自分に災難が降りかかっていい人はいません。だから、ほとんどの人が見て見ぬふりをするわけですが、見て見ぬふりをすると、人は自己嫌悪に陥《おちい》ります。そうすると、反省して次は助けるかもしれません。

そうやって自分ができるところで、行動していくのが人間だと思います。

正義や道徳だけで、人は生きていくことはできません。神様のようにいい人にもなれないし、完璧な優しい人にもなれません。

いじめがあったら、それを止めたほうがいいに決まっています。だけど、そうは思ってもなかなかできないのが人間なのです。

自分が今、できることをしていくのが重要なことだと思います。

第6章　自分だけの自信を持ってほしい

Rule 70

自分なりの思い込みを持っている人は強い
自分のやっていることが正解なんだと信じていればそれが自信につながる

自分に自信がありますかと聞かれて、自信があると答えられる人はどのくらいいるでしょうか。難しい質問ですが、たぶん自信を持って、自信があると言える人はそうたくさんはいないでしょう。

若い女性でも、自分に自信がないという声をときどき聞きます。目標がない、仕事がうまくいかない、友達がいない、人とうまくつき合えない、ルックスに自信がない、スタイルが悪い、太っている、もてない、などなど。さまざまな理由で自信がないというわけです。

しかし、自信がないという人たちに言いたいのは、自信というものに正解はないということです。

人間の人生にこれが最高の人生なんてものがないように、自信も世界公認の自信などありません。自信というのは、強く思っている者の勝ち。これが自分という人間で、自分が最高と思っていればいい。

ようは、自分がいちばんだと思っていれば、それが自信になるのです。

僕の知っているある作家がいます。

その人はもともと放送作家だったのですが、前々から小説家になると決めていました。それで、あるときパタリと他の仕事は全部やめて、いよいよ書き出しました。これまでの放送作家の仕事はすべて捨てて、成功するかどうかわからない小説に賭《か》けた。そして、やがて数々の賞をとったのです。

放送作家で小説家になりたいという人はいっぱいいるけれど、そこまでの意志を持って実現する人はほとんどいません。みんな今の仕事を捨てられず、テレビの台本を書きながら、いつか小説を書きたいんだけれど、という人ばかりです。

その小説家になった人を見ていると、これが正解だと思い込んでいる人は、やはり強いなと思います。

だから、自信というのは、自分の思い込みでいいわけです。

自分の選んだものを、これが正しいんだと自信を持てばいい。自分の生き方への思い込みは、強ければ強いほうがいい。

自分が現在していることや、自分が将来しようとしていることや、自分の存在そのものも含めて、これでいいんだと思えばいいのです。

自信がないという人がいるとしたら、それは思い込みが少ないわけですね。例《たと》えば、自分は洋服のセンスがない。だから、自信がなくて、引っ込み思案になってしまうという女性がいるとします。

だったら、かっこいいとか悪いとか悩むより、まず自分に自信を持てばいい。洋服のセンス以外のところで何でもいい、自信になるものを見つけて、それが自信だと思い込めばいいのです。

たしかに洋服のセンスは、客観的に見ていい悪いがあるかもしれない。けれども、自分の生き方や行動には、どれが正解でどれが間違いかはないわけです。

自信は生まれるものではなく、自分が思い込むものです。

Rule 71

流行を追いかけようとまったく無視しようと自分の意見があればいい大切なのは周りに左右されず好きなものを選ぶこと

自分はこれでいいんだと信じる。自分はこうするんだと思い込む。若いときには、そうした強さがもっとあっていいと思います。

若い女性を見ていると、強さも足りないし、思い込みも足りない。自信なさげに、周りを見ているところがあるような気がします。

例えば、自信をつけるために、外見から入っていくことがあります。洋服にしても小物にしても、流行《はや》りもので武装する。ブランド品で身を固めている人もよくいるわけです。

とはいえ、僕はブランド品を身につけることは、別にいけないとは思いません。本当にブランド品が好きで、ミーハーを自称する人は素敵だと思っています。

また逆に、ブランド品はいっさい買わないというのを、ずっと貫《つらぬ》いているような人もかっこいいと思っています。

だから、僕がここで言いたいのは、流行を追いかけるのはやめなさい、ということではありません。流行を追いかけようと追いかけまいと、どちらにしても自分のしていることに自信を持ちなさいと言いたいのです。

結局、ブランド品を身につけながら、ミーハーでみっともないかな、と気にしているのがいちばんかっこ悪いわけです。

自分はブランド品が好きで、時代のアンテナとして追いかけたいというのはいい。意固地にブランド品なんか買わないと、まったく手を出さないのもいい。または、ブランド品かどうかは気にしない、自分が好きなものを買うというのもいい。

つまり、自分の意見のある人はかっこいいのです。

だけど、自分がそのブランドを好きでもないのに、流行《はや》りというだけで買って、似合わないものを着ているのはかっこよくないと思います。あるいは、ブランドを追いかけるのは恥ずかしいから、本当はブランド品を着たいのに、わざと着ないのもおかしいと思います。

大事なのは、自分がしていることがいちばんだと思うこと。そう思わないと、常に周りに左右されて自分がなくなってしまいます。好きなものを選ぶことが、自分への自信につながるはずです。

Rule 72

人間の個性というのは奇抜なものを選べばいいというものではないオーソドックスなものを選ぶのもまた個性

自分に自信を持つということは、自分の個性があるということです。世界中に自分という人間はひとりしかいない。その自分の個性を大切にしている人は、やはり自分に自信がある人だと思います。

個性というのは、中身でも外見でも、なんでもいいから人とすごく違ったことをすればいいというものではありません。ようは自分の人生があり、自分の意見があり、自分の生き方があればいい。それがその人の個性となって、自然と現れてくるものだと思います。

例えば、自分はあまり個性的ではないという人がいます。洋服にしても、アスタイルにしても、いつもオーソドックスなものばかり選んでいる。特別オーソドックスなものが好きなわけでもないけれど、結果として無難なファッションになってしまうというわけです。

だけど、それはオーソドックスなファッションをすることがその人の個性なんですね。それを、ネガティブに個性がないと思ってはいけない。いつもオーソドックスな洋服を選ぶということは、選択しようという意思がある。それは、自分が選んでいると思わなければいけないのです。

僕も今は、年齢とともに無難なものを選ぶようになってきました。

なぜなら、ファッションの情報を必死にかき集めるより、もっと他に考えなくてはいけないことがあるわけです。

洋服にしても、靴《くつ》にしても、鞄《かばん》にしても、家具にしても、そういうものを選ぶのに時間をかけるより、もっと別のことに時間を使いたい。

だから、ファッションだけでなく、ライフスタイル全体がコンサバティブな方向になってきています。

もちろん、僕ももっと若いときは、流行も気にしていたし、新しいものが好きでした。ただ、振り返ってみると、なぜ新しいものが好きだったかというと、周りのほんの数人の友達に「これ何?」とか「早いね」と言われたいがために、新しいものを追いかけていた。

だから、流行を先取りする労力と時間は、あるときから捨てた部分です。その結果、現在はオーソドックスなものばかりになっているわけですね。

そう思うと、どんなオーソドックスなファッションをしている人でも、みんなそれなりの理由があるのではないかと思います。

無難なファッションだからといって、個性がないというわけではありません。それを選ぶ自分の中に個性があるのです。

Rule 73

この世に平凡な人間など
ひとりとしていない
人から見れば平凡でも
自分はそうではないと
否定できる強さがほしい

自分はどんな人間だろうと思ったときに、平凡な人間だと思っている人は多いのではないでしょうか。学校を出てOLをやっている。そうすると、平凡な人生だなと思うのでしょう。

しかし、どんなに平凡に見えようと、どんな人でも平凡な人生というのはありえないわけです。

平凡がありきたりということを意味するなら、ありきたりな人生なんてありません。つまり、名前があって生きている以上、それぞれの人間がいて、それぞれの人生がある。

だから、この世にひとりとして平凡な人間はいないし、ひとつとして平凡な人生もないのです。

例えば、短大を卒業して、銀行のOLをやって、結婚して二児の母になりました、という女性がいるとします。

それだけをとると平凡な人生に見えるかもしれないけれど、もしかしたら短大の学生のときは、並々ならぬ勉強をしたかもしれない。あるいは、銀行に勤めていたときに、上司と不倫《ふりん》して悩んだかもしれない。

平凡に見える人でも、人生の中にどんな事件があるかわからない。どんな人間でも、人と違った経験がどこかにあるのです。

だから、平凡なんてものは、この世にないと思ったほうがいい。自分は平凡な人間だとコンプレックスを感じることはない。人から見れば平凡かもしれないけれど、自分から見れば平凡ではないわけです。

これは、冠婚葬祭にも同じことが言えます。

出席するほうは、結婚式や披露宴に招待されて、ありきたりな結婚式だったなと思ったりする。だけど、結婚した本人たちにとっては、人生の大きなイベントです。出席した人間から見ればありきたりだけれど、本人の側から見れば決してありきたりではない。

人生も同じで、外から見れば平凡でも、自分の中にはさまざまな物語があるのです。

だからこそ、すべての人は自分の人生に、もっと自信を持っていいわけですね。若い女性の中には、自分は平凡でつまらないと思っている人もいるようです。だけど、人から見てどんなに平凡であろうと、自分が歩いてきた道です。その過程を誇《ほこ》っていいと思います。

例えば、子どもが亡くなった父親を語るときに、「学校の教師を勤《つと》めあげ、父は平凡な人生を送りました」というふうに言います。

けれども、父親にしてみれば、それこそいろいろな生徒を卒業させて送ってきただろうし、紆余曲折《うよきょくせつ》、波瀾万丈《はらんばんじょう》な教師人生だったかもしれません。子どもから見れば、波風《なみかぜ》もなく平凡に生きてきたように見えるのかもしれないけれど、本人にとっては平凡なんかではないわけです。

どんな人間にもそれぞれの人生があります。自分は平凡じゃないと、平凡を否定できる強さがなくてはいけないのです。

Rule 74

学歴が自信につながるかというと必ずしも結びつかない だけど間違いなく言えるのはちゃんと勉強してきた人間は仕事の方法は身につけている

人はみんな自信をつけるために、さまざまな努力をしています。持って生まれた能力は、努力でどうにかできる部分もある。だから、勉強して、いい学校、いい会社を目指す人もいるわけです。

この学歴社会の中で、女性も有名大学を目指したり、卒業している人もかなりいるでしょう。いっぽうで、高卒だとか大学名で、学歴にコンプレックスを持っている人もいるのではないでしょうか。

学歴というのは難しいもので、これを自信にしたい人は、もちろん自信になりうると思います。

だけど、学歴が必ずしも人間を幸せにするかどうかはわからない。

さらに、学歴が高いことが、社会の中で有利かどうかは、やはり仕事の内容によるのではないかと思います。

例えば、僕らの仕事は、たしかに学歴は必要ありません。

ただし、僕が見ていると、ちゃんと勉強してきた人間はいわゆる方法論ができています。つまり、テレビの企画書を書くにしても、相手に伝えるための文章を書ける。アイディアが優《すぐ》れているかどうかは別として、企画書を書く方法は身につけているわけですね。

ところが、高校中退とか、大学中退とか、フリーターを何年もやっていた人間は、企画書が往々《おうおう》にして書けないわけです。話を聞いていると、アイディアは面白くて、才能があるなと感心する。

でも、そのアイディアを企画として文章にすると、何を伝えたいのかよくわからないものになってしまう。文章の表現能力や構成能力がなく、相手にきちんと伝わらないのです。

僕らのような仕事でさえ、やはり勉強の基礎は必要です。そういう意味では、いわゆるいい大学を出ていれば、テクニックは間違いなく学んでいる。だから、僕はどちらかというと、大学へは行って、しっかり勉強をしたほうがいいと思うわけです。

しかし、仕事というのは、当然ながらテクニックを知っていればいいというものでもありません。技術があっても才能がなければ、そこから先に伸びていきません。だとしたら、才能や能力や行動力があれば、学歴がなくても技術は後から学んでいけばいいのです。

僕の知り合いに、あるグラフィック・デザイナーがいます。

彼は工業高校を出て、グラフィックの仕事をしたいと思いました。で、色見本に何番と番号がついているのも知らず、デザイン会社に就職した。アイディアは山のようにあるけれど、テクニックは何もない状態でスタートしたわけです。

彼は先輩のデザイナーに、ひとつひとつ聞きながら覚えていって、技術を身につけていきました。そうして、彼はいまや日本でトップ・クラスのグラフィック・デザイナーになっているのです。

今グラフィック業界のトップで仕事をしているのは、ほとんどが美大出のデザイナーです。ところが、美大を出たデザイナーは技術は学んでいるけれど、才能があるとは限りません。

だったら、彼のように才能があれば、技術は後付けで学んでいけばいいわけです。

いずれにせよ、どんな仕事にしても、方法論や技術はどこかで勉強しなくてはなりません。だとしたら、やはり大学で学ぶのが、効率のいい道ということは言えます。またそれなりの大学でちゃんと勉強すれば、仕事をするための土台はかなり築けると思います。

だから、もしも学歴にコンプレックスがあって自信がない人がいたら、頑張ってこれから勉強していけばいいのです。

大学は何歳でも入れるわけだから、受験をして入学してもいい。仕事をしながら、現場で技術を身につけていってもいい。自信をつけるための方法は、いろいろなやり方が考えられるはずです。

学歴というのは、つまりは勉強してきた証《あかし》です。自分が学んできたこと、身につけてきたことが自信につながるのです。

Rule 75

自分の意見を通す人が自信のある人ではない 自分の中に意見を持っていれば必ずしも主張しなくてもいい

自分の意見があるかないか。自分に自信を持つためには、やはり自分の意見がなくてはいけないと思います。

例えば、みんなで何かを決めるために話し合っているとき、それぞれが自分の意見を述べます。あるいは、友達と何人かで、映画やテレビドラマの話をしていて、自分はこう思うと言うこともあります。

そのとき、自分の意見がなければ、話には加われません。話に参加できなければ、疎外《そがい》されたような気がすることもあります。そういうところで自信をなくすということも、多々あるのではないかと思います。

ただし、自信ということで誤解してはいけないのは、意見は必ずしも通す必要はないということ。

つまり、議論をしているときに、自分の意見を押し通すことはない。自分の意見を通すのは、えてして自信があるように見えるものですが、通せばいいというものではないと思います。

例えば、自分の意見を言えないという人がいます。自分の意見を言って、否定されるのが怖い。会議の席や友達と話しているときも、発言できないという人がいるわけです。

だけど、意見が言えないなら、言わなくてもいいのです。

議論をしていて、自分と違う意見がある。そこで、反論したければすればいいし、勇気がないなら言わなくたっていい。かりに、それは違うと論破《ろんぱ》したところで、口論の勝負でしかありません。

それより、いちばん大切なことは、自分の意見があるかどうか。そして、人の意見を聞けるかどうかです。自分の意見はあるけれど、言い争いはしたくない。だとしたら、別に無理に言わなくてもいいし、この人はこう思っているのかと、意見を聞いていればいいのです。

人と話をしているときに、異《こと》なる意見だからといって、いちいち訂正《ていせい》して説きふせてもしようがないことです。もちろん仕事の会議などで、論議して詰めなくてはならないこともあります。でも、日常の会話の中で、自分の意見を押しつけるのは、してはいけないわけです。

だから、自分の意見を言わないことで、自信をなくす必要はないということです。例えば、友達とあのタレントはここがいいとか悪いとか話している。そのときに、友達の意見がちょっと違うなと思っても、言いにくければ黙っていればいい。

それは、人間関係がぎくしゃくしないための気遣《きづか》いであって、意見を持っていないということではないのです。

自分なりの意見を持っていれば、言わなくても会話には参加できます。いろいろな意見を聞くことで、なるほどとうなずくこともあれば、違うと思うこともある。自分の意見を確認したり、自分の意見を見直すこともできます。

意見は押しつけるものではなく、自分が考えるためのものです。

Rule 76
自信がないときにかっこつけるのはやめよう等身大の自分を出したほうがむしろ自信はつくのだから

自分に自信のある人は、自分をよく見せようとはしないものです。ところが、自分に自信がないと、自分をよく見せたくなる。等身大の自分に上乗せして、見せたがるところがあるような気がします。

それは、ちょっとした行動や言葉にも現れています。

例えば、友達とどこかに行くとき。食事にしても、映画にしても、旅行にしても、友達から誘われるばかり。

自分から声をかけたいけれど、躊躇《ちゅうちょ》してしまうという女性もいるのではないでしょうか。

こういう人は、自分に自信がないから、自分がかっこよく見られたい。自分がかっこよく見られたいから、自分から誘って、かっこ悪さを見せてしまったらイヤだという意識が強いような気がします。

つまり、こんな映画に誘ったら、ダサいと思われるんじゃないかとためらってしまう。こんなレストランに連れて行ったら、どういうセンスをしているんだと思われるんじゃないかと心配になる。それで、自分から誘えずに、誘われるだけという人がときどきいるわけですね。

だけど、こんなダサい映画を選んだから、友達でいるのはやめようなんて思う人はいないわけです。こんなセンスの悪いレストランに誘って、どういうつもりだと責める人もたぶんいない。

もしも、自分が連れて行ったところで、そんなふうに怒る人だったら、初めから友達にならないほうがいいのです。

だから、こういう人は勇気を出して、自分から誘ってみるべきです。

自分から誘うということは、本当の自分を出すということ。本当の自分を見せて、離れていく友達だとしたら、遅かれ早かれ離れていくのです。それなら、自分をさらけ出して、気の合う友達とつき合ったほうがいい。

例えば、自分はVシネマが大好きで、そのことをひた隠しにしていても、いつかはばれます。ばれなくても、友達に誘われて、退屈なしゃれた映画を観ていても楽しくないはずです。

だったら、Vシネマのファンの友達を探して、いっしょに観に行ったほうがずっといいでしょう。

等身大の自分でいるほうが、自信もつくはずです。

Rule 77

失敗してもそれで自信をなくしてはいけない 自分では失敗と思っても結果的にはよかったという場合があるから

人間は失敗したときは、誰でも自信をなくします。学校で、仕事で、人間関係でなんらかの失敗をしてしまった。そのときは、たいていの人が落ち込み、自分に自信がなくなると思います。

しかし、失敗して自信をなくしたとしたら、まず自分のしたことに正解はないんだと知ることです。

つまり、結果として失敗だったかもしれないけれど、本当にそれが失敗だったかどうかは誰にもわからないのです。

例えば、仕事である会社とのプロジェクトを組んだけれど、うまくいかずに流れてしまった。

その時点ではたしかに失敗しているわけですが、実はその会社は莫大《ばくだい》な負債《ふさい》を抱《かか》えているかもしれない。後からそれがわかって、あのときプロジェクトが流れてよかったということだってありうるわけです。

だから、失敗したときは、ものごとで何が正解かはわからないと思えばいい。今は失敗だとしても、後になって失敗でよかったということもある。ものごとが失敗か成功かは、運命の神様でなければわからないのです。

それと、失敗して自信がなくなりかけたら、こんなことたいしたことはないんだと思うのも大事なことです。

例えば、どこかの国の大統領が失敗して、核戦争が起こってしまった。それなら、元首として自信もなくすのはあたりまえです。けれども、そのへんの人間が判断を誤《あやま》って、失敗したことなんかたいしたことはない。自分がしでかしたことで人類が滅《ほろ》びるわけじゃない。

どうってことないと思えば、失敗したくらいで自信をなくすこともありません。

人間はみんな失敗すると、自分の全存在に自信をなくしてしまいます。しかし、それは自分の中で、ある事柄《ことがら》がうまくいかなかったにすぎないのです。かりに仕事で失敗したとしても、他のことではちゃんと行動している。電車に乗って、会社に行って、普段通りに生活している。

自分のすべてが失敗したわけではないということに、気づくのも必要なんですね。

人間の気持ちというのは、ネガティブになるとどんどん落ち込んでいきます。落ち込むと、ますます自信がなくなってしまいます。

だけど、たかがひとりの人間の失敗なんて、自信を喪失《そうしつ》させるようなたいしたことはしていないのです。

Rule 78

幸せはすべて自分の気持ちしだい 気持ちがすさんでいらいらしているときは気持ちのスイッチを切り替える練習をしよう

近頃、何をやってもうまくいかない。気持ちがいらいらして、心がすさんでいるという人もいるのではないでしょうか。

仕事も、恋愛も、友達ともトラブル続き。なんで自分だけこんなにいやなことが起こるんだろうと思うから、よけいいらいらしてくる。いらいらしていると感じるから、また心がすさんでくるのでしょう。

だとしたら、気持ちをシフトさせるように努力してみてください。

人間は気持ちのスイッチをひねるだけで、幸せにもなれば不幸にもなります。悪いことばかり考えていたら、ちょっとだけ楽しいことを考えてみる努力をしてみてください。

気持ちをいらいらモードから、いらいらしないモードにスイッチを替えるとずいぶん楽になれるものです。

この気持ちをシフトさせるのは、練習すれば誰にでもできます。

例えば、競馬で負けたときに、そのことばかり考えても負けた事実はひるがえらないわけです。だったら、負けたけど、日曜日に競馬場に行って、あんなに興奮して面白かったなとスイッチングする。

あるいは、競馬の帰りに、友達とばったり会ったのもよかったなとスイッチングする。または、競馬に行かないで、ディズニーランドに行っていても、どっちみち同じくらいお金を遣っていたなと、いらいらしていた気分を転換させる。

その時点でもう、すでに気持ちは切り替わっているわけですね。

こういうささいな練習を常にしていると、つらいことがあっても、気持ちの持ちようはかなり違うような気がします。

人間はそうやって気持ちを変えていければ、ほぼ幸せを手に入れたようなもの。幸せも不幸も、状況ではなく気持ちなのです。

Rule 79

人生でいいこともつらいこともずっとは続かない 人生に全勝はないから最後に勝ち越せばいい

人生は、いいこともあれば悪いこともあります。

そして、どんな人生も、いいことばかり続かないかわりに、悪いことばかりも続きません。

だから、もしも今つらいことがあって悩んでいるとしたら、バイオリズムがたまたま悪いほうにきていると考えてください。同時に、この状態は永遠に続くなんてありえないと考えてください。

人生のバイオリズムは面白いもので、たしかに悪いときは悪いことが重なり、いいときはいいことが重なるものです。

これを麻雀《マージャン》にたとえるなら、バイオリズムがついているときは、どんなに失敗しても取り返しがつきます。つまりセオリーを無視して間違ったことをしても、負けないでいいほうに転がっていく。

ところが、バイオリズムがついていないときは、正確にセオリー通りにやってもうまくいかない。確率的にはこれで当たっていると思っても、いくら待っても待っている牌《パイ》がこないわけです。

そう思うと、人生というのは全勝はありえないんですね。

どんなに頑張っても、うまくいかないときは悪いほうへどんどん向かっていく。ほとんど努力しなくても、勝手にうまくいくときはいく。

こうしたバイオリズムの繰り返しが人生だから、勝ち続けることもないかわり、負け続けることもない。

この法則を頭に置いておけば、つらいことが続いていても、なんとかやっていこうと思えるはずです。

人生に全勝はないとしたら、最後に勝ち越せばいいのです。

自分が生きていく中で、いいこともあれば悪いこともあり、全体でいいことが悪いことより、ちょっと多ければいい。そういうふうに考えれば、たとえ現在がつらくても楽になれるでしょう。

人間はみんな、どんなにつらくても、自信をなくしたと思っても生きています。それはたぶん自分の気持ちのどこかに、ここをなんとかすれば、きっといつかいいこともあると信じる強さがあるからです。

自分の信念をもっと信じてください。

解説──私も同じ考えです秋元さん

一条《いちじょう》ゆかり

拝啓、秋元　康様

まったく…もう…おっしゃるとおりで御座います。いや、ほんと。

私一条も最近、若い女性に対してえらそーにウンチクたれて、いやそれはいけずーずーしいとか、人のせいにするな自分でおとしまえつけろとか、家で恋占いとかやってる暇があったらせめて電話器を取れとか、男は貴方を幸せにはしてくれません・貴方を幸せにできるのは貴方だけです、とか、公私共によく言ってます。

いわゆる人生相談ってやつですけど、なぜか若い悩める女性は私を見ると、いかにもボロカスに言われそうなのに人生相談したがるんですよ。まあたいてい恋愛相談なんですけど、言ってしまいます結構ひどい事。

この間なんか〝貴方のやってることって下げマンだよ〟（すみません下品で）なんて言ってしまいました、思わず…。

そんなひどい事言われてるのに怒らないんですよ。なぜ!? マゾ!? 好きなのか、いじめられるのが!?

みんな大体は解ってるんですよね。マズイって。誰かに背中をド衝《つ》かれたいらしくって聞くんだろうけど、私だったら私には聞きたくないけどなあ…。

世の中、男で悩んでる女がそんなにいるのかと驚いてしまいます。

まあそれで思うんですけど、私が言ってることってキツイか柔らかいかの差はあるんだけどこの本に書いてあるようなことなんですよ。はい似てます。

私と秋元さんって会ったのは一回だけだし、こういう時にはこうだよねとか、こう書こうかとか前もって打ち合わせした覚えも無いし、お互い自分の考えを書いてるわけじゃないですか。

秋元さんの場合は、「うんうんそうだよね。でもね、僕はこう考えてこうした方が良いと思うんだよね」なんて感じの、優しいお兄さん有難う解りました！だし、私のは、「アホかー！　いけずーずーしいにもほどがある。無理です！　イイ男が欲しかったらイイ女になれよ」だけどね。

性格も違う男女が（注＊私と秋元さんのことだけど）打ち合わせもせずに似たような内容のことを考える。

これはもう、やっぱり！　この本のタイトルどおり、何らかのルールがあるんでしょう。

う～ん、そうだったのか…幸せになるにはルールがあるのね。しかも私はそのルールを大体知っている！　もう後は実践するだけだわ。

うっう～～～～～う～ん。それが一番難しいんだけど、でも、そうです！　ここは自慢せねばだわ。私結構幸せです。

世界中のすべてが間違って私の敵になろうと、私だけは私の味方になってあげようと、私を幸せにしてあげようと思っているもん。

自分を好きになる。基本ですよね、これ。

あっ、そうだ。ホンとに似たようなことをと笑っちゃったのが一つ。私ずっと思ってました。母親が死ぬ時に「お前を産んで良かった」と、言わせてやるって。別に母親を憎んでたとかそんなんじゃないんだけど、なぜかヤケクソのように親孝行してて、多分認めてもらいたかったんだろうけど、思ってました。ちょっとマザコン入ってますね私。

実現しました。義務は果たしました秋元さん。もう後は自分の人生を自分で責任負えばイイだけだから、気が楽だわ。

それとね、この間書いた原稿。人生と麻雀《マージャン》は同じだ理論。ねっ笑っちゃうでしょ。

もうこうなったら貴方が書いているとおり、自分の信念をもっと信じて、と言うか、今までどおり生きていきます。

そのせいで迷惑をさらにかける人がいるような気がするけど、気にしないわ。

本作品は一九九八年九月、小社より刊行された『幸せになるにはルールがある』を文庫収録にあたり加筆、改筆したものです。

秋元 康―1956年、東京都に生まれる。作詞家。高校時代から放送作家として活躍。1983年頃から作詞家の道を歩み、美空ひばりの「川の流れのように」、藤谷美和子の「愛が生まれた日」などヒット曲多数。また、映画監督としても才能を発揮し、1991年松坂慶子主演の「グッバイ・ママ」、1992年いしだあゆみ主演の「マンハッタン・キス」が話題を呼んだ。

著書には『君に輝いてほしいから』『一生を託せる「価値ある男」の見極め方』(以上、講談社)、『そのうち結婚する君へ』『ようやく恋がわかり始めた』『愛されている証拠』『僕はこんなふうに暮らしてる』『だから、男は恋をする』『結婚のヒント』『恋とはあきらめないこと』『まず、自分を好きになりなさい』『男の気持ちがわからない君へ』(以上、講談社+α文庫)など多数。

講談社+α文庫 幸《しあわ》せになるにはルールがある

秋元《あきもと》 康《やすし》

2002年6月20日第1刷発行

発行者――――野間佐和子
発行所――――株式会社 講談社
東京都文京区音羽2-12-21 〒112-8001
電話 出版部(03)5395-3530
販売部(03)5395-5817
業務部(03)5395-3615

カバー写真――――TAKI MIKURI/amana images
デザイン――――鈴木成一デザイン室
カバー印刷――――凸版印刷株式会社
印刷――――慶昌堂印刷株式会社
製本――――株式会社国宝社

落丁本・乱丁本は小社書籍業務部あてにお送りください。
送料は小社負担にてお取り替えします。
なお、この本の内容についてのお問い合わせは
生活文化第三出版部あてにお願いいたします。
Printed in Japan ISBN4-06-256631-1 (生活文化三)
定価はカバーに表示してあります。